इतिहास-पुरुष
सुभाष

इतिहास-पुरुष सुभाष

श्रीकृष्ण 'सरल'

प्रतिभा प्रतिष्ठान, नई दिल्ली

प्रकाशक : प्रतिभा प्रतिष्ठान,
694–बी (निकट अजय मार्केट), चावड़ी बाजार, दिल्ली–110006
 / संस्करण : 2024 / मूल्य : चार सौ रुपए
मुद्रक : प्रिंट मीडिया, नई दिल्ली ISBN 978-93-83111-67-1

ITIHAAS PURUSH SUBHASH

by Shrikrishna 'Saral' ₹ 400.00

Published by **PRATIBHA PRATISHTHAN**
694-B (Near Ajay Market), Chawri Bazar, Delhi-110006

राष्ट्रवादी विचारों के पोषक

एवं

हिंदी के प्रति अनुराग-भाव रखनेवाले

श्री गंगाधर जसवानी

को समर्पित

…जो अमरता रचते हैं उनका कभी अंत नहीं होता

कोई भी राष्ट्र केवल भूगोल नहीं है—जन है, उसकी चेतना है। जो उत्सर्ग करता है, वह पहले इतिहास होता है और फिर रचकर मिथक बन जाता है।

उनके कितने महाकाव्यों में शहीदों, क्रांतिवीरों की गाथाएँ हैं, सुभाष हैं, भगत सिंह हैं और हजारों पृष्ठों में सारा युग है। क्रांति में जीवन का इतिहास और संस्कृति का अभियान है।

अपने में एक सदी को समेटना किसी साधारण व्यक्ति के सामर्थ्य में नहीं है। लाखों मील की यात्राएँ और सैकड़ों लोगों की चेतना से साक्षात्कार करते हुए संवेदना में उसका इतिहास रचना और अपने समय से संवाद कर यह प्रमाणित करना कि कविता राष्ट्र धर्म है। यह सब जिसमें हुआ वह एक नाम है श्रीकृष्ण, जिससे गीता जुड़ी है। वह सरल जिसके संघर्ष में क्रांति है और उसका इतिहास कविता में एक विलक्षण अनुभव हो गया है।

वह अपने समय का कवि था। उसे राष्ट्रकवि कहा उस महामानव ने, जो आज पूरे संसार में संदेश दे रहा है—'अब जंग नहीं होगी!' अटलजी और सरलजी, राजनीति और कविता तथा सुभाष और रामायण हो गए हैं।

.जिसका सारा जीवन वीरों की गाथा-सा है
संस्कृति और इतिहास में साकार
यह यात्रा-पथ
खत्म होकर कभी खत्म नहीं होता
जो अमरता रचते हैं
उनका कभी अंत नहीं होता।

—डॉ. राजेंद्र मिश्र

कृति के विषय में

'इतिहास-पुरुष सुभाष' राष्ट्रकवि स्व. श्रीकृष्ण सरल की अंतिम कृति है। पूज्य पिताजी को अपने अवसान का पूर्वानुमान अच्छी तरह से हो गया था। अपनी आत्मकथा 'आत्म-यथार्थ' के लेखन को उन्होंने कभी तरजीह नहीं दी। हम लोगों की भावनाओं का सम्मान करते हुए हमारे अनुरोध पर पिताजी 'आत्म-यथार्थ' का लेखन टुकड़ों-टुकड़ों में कर लिया करते थे। जैसे-तैसे आत्मकथा के चार में से तीन अध्याय उन्होंने पूरे कर लिये थे। अपने सोलहवें महाकाव्य 'कृष्ण काव्यम्' के लेखन का श्रीगणेश वे कर चुके थे। 'महा-काल' महाकाव्य के अंतर्गत राष्ट्र के विभिन्न महापुरुषों के जीवन-वृत्तों की प्रस्तुति की उनकी अद्‌भुत योजना थी। भरत-मांडवी और शत्रुघ्न-श्रुतिकीर्ति पर प्रबंध काव्य लेखन का संकल्प वे कर चुके थे। इसके अतिरिक्त 'गीता' के अठारह अध्यायों के काव्यानुवाद का स्वप्न भी वे सँजो चुके थे।

पिताजी को अपनी आसन्न मृत्यु का आभास दो माह पूर्व ही स्पष्ट रूप से हो चुका था, जिसके उन्होंने यदा-कदा संकेत भी दिए थे। स्वयं के प्रति लापरवाह रहना उनका चारित्रिक गुण था। इसलिए आत्मकथा को मात्र १२६ पृष्ठों में समेटकर उन्होंने उसे आधा-अधूरा ही छोड़ दिया और 'स्वयं' से किनारा कर लिया। 'कृष्ण काव्यम्' का लेखन भी उन्होंने बंद कर दिया था; क्योंकि वे जानते थे कि इस गुरुतर कार्य को पूरा करने के लिए उनका जीवन उन्हें पूरी घड़ियाँ नहीं दे पाएगा। उन्हें आजाद हिंद फौज के कुछ विशिष्ट सैन्याधिकारियों से कुछ नवीन तथ्यों व घटनाक्रमों की उपलब्धि हो गई थी, जिसे शीघ्र लेखबद्ध करने की अकुलाहट और उत्कंठा उनमें जाग्रत् हो चुकी थी। पिताजी का विचार था कि इस विवरण को यदि 'इतिहास-पुरुष सुभाष' के रूप में आकार नहीं दिया गया तो कदाचित् आजादी के संघर्ष के कतिपय अध्याय उदित हुए बिना ही अस्त हो जाएँगे।

वह जुलाई सन् २००० का उत्तरार्द्ध था, जब पिताजी ने इस कृति के लेखन के लिए कलम उठाई थी और अगस्त सन् २००० के उत्तरार्द्ध तक उन्होंने जीवन के अंतिम एक माह में, विविध प्रकार के शारीरिक कष्टों के चलते हुए भी, अपनी इस अंतिम कृति की इतिश्री कर दी। २ सितंबर, २००० को लगे अभी पूरा एक घंटा भी नहीं हुआ था कि पिताजी अपनी महायात्रा पर प्रस्थित हो गए। ऐसा प्रतीत होता है मानो अपनी १३०वीं कृति 'इतिहास-पुरुष सुभाष' रचने के लिए ही वे जीवित थे।

आशा है, यह कृति पाठकों में राष्ट्रीय भावनाओं का संचार करेगी।

—धर्मेंद्र शर्मा

'क्रांति-कुंज'
२७, दशहरा मैदान
'अनुपूरक'
उज्जैन (मध्य प्रदेश)

प्राक्कथन

नेताजी सुभाषचंद्र बोस पर मेरी अब तक कुल सत्रह कृतियाँ प्रकाशित हो चुकी हैं और यह अठारहवीं कृति है। एक बात जो मैं बार-बार लिखता रहा हूँ, वह यह है कि मैं अपने ऐतिहासिक चरित-नायक के क्षेत्र, उसके परिवारजन, गुरुजन और इष्ट-मित्रों से संपूर्ण साक्षात्कार करके ही उसपर कलम चलाता हूँ। जब मैंने नेताजी सुभाष पर पहली बार लेखन प्रारंभ किया तो स्वयं उन देशों का भ्रमण किया, जहाँ उन्होंने भारत की आजादी की लड़ाइयाँ लड़ीं। मैंने उन पर्वतों की चोटियों को चूमा है जहाँ आजाद हिंद फौज के वीरों ने भारतीय तिरंगा ध्वज फहराया है। उन जंगलों की खाक मैंने छानी है, जिन्हें हमारे देशभक्तों ने रौंदा है और उन मैदानों की माटी मैंने अपने माथे से लगाई है, जहाँ हमारे आजादी के दीवानों का खून बहा है और उन स्थलों को देखकर मेरा वक्ष गर्व से फूल गया है, जहाँ हमारे लड़ाकों ने दुश्मन की लाशों पर लाशें बिछाई हैं। नेताजी के परिवारजन और उनके मित्रों से मैंने लंबे-लंबे साक्षात्कार किए हैं और आजाद हिंद संगठन के अवशिष्ट लोगों से या तो उनके घर जाकर या अपने घर उन्हें बुलाकर मैंने विश्वसनीय जानकारियाँ प्राप्त की हैं।

मेरी एक पुस्तक पर आशीर्वचन लिखते हुए आजाद हिंद फौज के एक महान् योद्धा पद्मभूषण कर्नल गुरुबख्श सिंह ढिल्लन ने लिखा है—"सरलजी का लेखन इतिहास जैसा प्रामाणिक होता है और उनके लेखन को दस्तावेज के रूप में इस्तेमाल किया जा सकता है।"

प्रस्तुत कृति 'इतिहास-पुरुष सुभाष' मेरी दृष्टि में एक ऐसी कृति है, जिसकी प्रत्येक घटना सत्य और प्रामाणिक है। इस कृति के लेखन में मैंने अपनी अन्य कृतियों में से जो अच्छा लगा है, वह लिया है। ऐसा करने में मेरा दृष्टिकोण यही रहा है कि नेताजी सुभाष पर एक बहुत रोचक और प्रामाणिक कृति देश को दी जाय।

—श्रीकृष्ण सरल

अनुक्रम

मेरा काम

"शिशिर!"

"जी चाचू!"

"क्या तुम मेरा एक काम करोगे?"

"चाचाजी! आपका काम करने में तो मुझे हमेशा ही आनंद आता है। फिर आज आपने पूछने की औपचारिकता क्यों की?"

अपने ज्येष्ठ भाई शरतचंद्र बोस के पुत्र और अपने ज्येष्ठतम भतीजे शिशिर कुमार बोस को अपने साधना-कक्ष में बुलाते हुए सुभाषचंद्र बोस ने कहा—

"यह तो तुम जानते ही होगे कि अपनी नजरबंदी के दिनों में पहरेदारों की दृष्टि से निरंतर बचते रहने के लिए और किसी से न मिलने का उपक्रम जो मैंने किया है, उसका उद्‌देश्य क्या है?"

"हाँ, चाचाजी! कुछ-कुछ अनुमान तो मैं लगा ही सकता हूँ; पर पूर्ण रूप से आपका उद्‌देश्य समझ में नहीं आया। किसी के लिए भी आपकी चाल समझ पाना कठिन होता है।"

"तो सुनो, अनुष्ठान करने के बहाने मैंने अपने चेहरे पर यह जो खसखसी दाढ़ी बढ़ा ली है। इस छद्‌म वेश को धारण कर मैं बाहर निकलने की तैयारी में हूँ। तुमको इतना करना है कि १८ जनवरी, १९४१ की रात को मेरा आवश्यक सामान अपनी कार में रखकर बाहर ड्राइवर की सीट पर बैठे मिलना है। मैं रात्रि को जमीन पर लेटे-लेटे अपने पिछले छज्जे को पार करके तुम्हारे पास पहुँच जाऊँगा। कार चलाकर गंतव्य की ओर ले जाना तुम्हारा काम होगा। गंतव्य मैं तुमको तभी बताऊँगा।"

"तो क्या चाचाजी! आपके महाभिनिष्क्रमण की किसी को कानोकान खबर न होगी?"

"होगी, केवल बड़े भैया को, पर पूज्य माताजी को बिलकुल नहीं। उनकी भावुकता हमारे आड़े आ सकती है।"

"पर क्या आपके जाने पर वे दुःखी नहीं होंगी?"

"होंगी, पर हम सबकी भारत माता के दुःख दूर करने के लिए यदि एक माता कष्ट भोग ले तो क्षम्य होगा।"

"अच्छा चाचाजी! आपकी योजना पूरी करने में मैं कोई कसर नहीं उठा छोड़ूँगा।"

□

महाभिनिष्क्रमण

सन् १९४१ का नया वर्ष लग चुका था। इस समय सन् १९४१ के वर्ष के कैलेंडर में जनवरी का महीना सामने था। घड़ी की सुइयों ने सरककर रात्रि के बारह बजे का समय पार किया और १७ तारीख ने अपना स्थान १८ तारीख को दे दिया। १ बजकर २५ मिनट पर सुभाष मौलवी के रूप में छज्जे पर सरक-सरककर पार हुए और भवन के पिछले भाग में पहुँच गए, जहाँ पुलिस का पहरा नहीं था। वहाँ एक कार—बी.एल.ए. ७१६९ उनकी प्रतीक्षा कर रही थी, जिसके चालक के स्थान पर उनके सगे भतीजे शिशिर कुमार बोस बैठे हुए थे। कार में सुभाष का एक सूटकेस, एक बिस्तरबंद और एक छोटा बस्ता पहले ही रख दिया गया था। ज्यों ही वे कार में बैठे, उनकी आँखें ड्राइवर की आँखों से जा मिलीं। सिर हिलाकर उन्होंने गाड़ी चलाने का संकेत दिया और गाड़ी सड़क पर सरकने लगी।

कलकत्ता सोता रहा और अंग्रेजी सरकार के पहरेदार भी जागते हुए सोते रहे। वे केवल पिंजरे का पहरा दे रहे थे, पंछी तो उड़ चुका था।

रात के सन्नाटे को चीरती हुई कार सपाटे से भागी जा रही थी। हावड़ा, बाली, उत्तरपाड़ा और चंद्रनगर पार हो गए। घड़ी में समय देखने की फुरसत किसी को नहीं थी। भतीजा सारथि अपने 'रांगा काकू' को पुलिस की निगाहों से बचाकर किसी निरापद स्थान पर पहुँचा देने की धुन में था और उसका 'रांगा काकू' सपने देख रहा था—सैन्य-निर्माण, भयंकर युद्ध और भारत-मुक्ति के। कार ने सपाटे भरकर चुंचुड़ा, बंडेल, शक्तिगढ़, बर्दवान, आसनसोल और बराकट ब्रिज भी पार किए। पूर्व दिशा से उषा की अरुणिमा ने भोर होने का संकेत दिया और सारथि ने रथी से कहा, "हम लोग धनबाद पहुँच गए हैं।"

रथी का उत्तर था, "तुम कार लेकर अशोक के बँगले पर पहुँचो। मैं पैदल ही वहाँ पहुँचूँगा। और हाँ, तुम अशोक से कह देना कि वह नौकर-चाकरों को मेरे

विषय में कुछ न बताए और मुझसे वैसा ही व्यवहार करे जैसा मिलने आए हुए किसी अपरिचित व्यक्ति के साथ किया जाता है।''

इन अशोक महाशय का पूरा नाम अशोकनाथ बोस था और वे भी सुभाष के भतीजे थे।

निश्चित व्यवस्था के अनुसार शिशिर कुमार बोस अपने भाई आलोकनाथ बोस के बँगले पर पहुँच गए। उनके आगमन से बँगले में हर्ष छा गया। थोड़ी देर बाद पछाँही मुसलमान के वेश में एक मौलवी साहब ने अशोकनाथ बोस के बँगले पर बाहर लगी हुई बिजली की घंटी को दबाया। गृहस्वामी ने स्वयं बाहर न आकर एक नौकर को बाहर भेजा, जिसने लौटकर सूचना दी कि एक मौलवी साहब मिलने आए हैं। इस बार अशोकनाथ बोस स्वयं बाहर गए और संभ्रांत मौलवी साहब को देखकर उन्हें आदाब अर्ज किया। शिष्टाचार का निर्वाह होने के पश्चात् अशोकनाथ उन्हें बाहरवाले बैठक के कमरे में ले गए और दोनों में बातें होने लगीं। इस बीच नौकर को किसी अन्य काम में लगा दिया गया और एकांत का अनुभव करते हुए मौलवी वेशधारी सुभाष ने अशोकनाथ से अंतरंग चर्चा के क्रम में अपनी योजना बताई।

१८ जनवरी को दिन भर मौलवी साहब अशोकनाथ बोस के घर मेहमान रहे और संध्या होते ही उन्होंने यह कहकर विदा ली, ''मैं आगे चलकर टैक्सी ले लूँगा।''

नौकरों और आस-पास के व्यक्तियों ने समझा कि कोई मौलवी साहब मिलने आए थे और वे मिलकर चले गए। उन्हें क्या पता था कि सुभाषचंद्र बोस अंग्रेजी साम्राज्य की आँखों में धूल झोंककर जा रहा है।

समस्त बोस परिवार में मुसलमान सेवक और सेविकाओं की संख्या काफी थी और बड़े अदब के साथ उन्हें पारिवारिक संबोधनों से पुकारा जाता था। इस प्रशिक्षण से सुभाष बोस को अपने आगामी जीवन में मुसलमानों के रूप में भरोसेमंद साथी मिले।

आधा घंटे पश्चात् अशोकनाथ बोस, उनकी पत्नी और शिशिर कुमार बोस कार में चले और रास्ते में मौलवी साहब को भी उन्होंने अपनी कार में ले लिया। अब वह कार ग्रांड ट्रंक रोड पर थी और उसका गंतव्य था—गोमोह।

जिस समय कार गोमोह पहुँची, दिल्ली-कालका मेल के वहाँ पहुँचने में काफी समय था और उसी गाड़ी पर सुभाष को सवार होना था। कार को नगर के बाहर ही एकांत में रोककर समय बिताया गया। ट्रेन का समय होने पर कार स्टेशन

पहुँची। ट्रेन के आने पर सुभाष उसमें सवार हो गए। इस प्रकार उनकी यात्रा का दूसरा चरण प्रारंभ हुआ। सब की ओर आशीर्वादी दृष्टि से देखते हुए उनके शब्द थे, "मैं सुरक्षित हूँ, तुम सब वापस जाओ।"

मौलवी के रूप में सुभाष मेलगाड़ी में सवार हो गए। उन्हें विदा देनेवाला बोस परिवार कुछ समय तक कार में ही रुका रहा और निश्चिंतता का आभास कर वापसी यात्रा पर चल दिया।

□

मौलवी जियाउद्दीन

गोमोह से चलकर दिल्ली-कालका मेल किसी अगले स्टेशन पर रुकी। सुभाष ने देखा कि एक पुलिस दारोगा एक कांस्टेबिल को साथ लिये हुए उनके डिब्बे की ओर बढ़ रहा है। अपने चेहरे को छिपाने के लिए सुभाष ने अखबार फैलाया और उसे पढ़ने का अभिनय करने लगे। पुलिस दारोगा और कांस्टेबिल डिब्बे में नजर दौड़ाते हुए आगे बढ़ गए। यह उनका नित्य का काम था। सुभाष ने चैन की साँस ली।

अगले स्टेशन पर सुभाष को एक नई मुसीबत का सामना करना पड़ा। उनके डिब्बे में एक सिख सज्जन ने प्रवेश किया और लगे उनसे बातें करने। उनका पहला सवाल था, "कहाँ तशरीफ ले जा रहे हैं, जनाब?"

"जी, मैं रावलपिंडी जा रहा हूँ।" सुभाष का संक्षिप्त उत्तर था।

"क्या रावलपिंडी ही जनाब का दौलतखाना है?"

सुभाष ने खालिस उर्दू में जवाब दिया, "जी नहीं, अपना गरीबखाना तो लखनऊ में है। पेशे से इंश्योरेंस का ऑर्गनाइजर हूँ और इसी सिलसिले में रावलपिंडी जा रहा हूँ।"

"जनाब का इस्मशरीफ?" सिख सज्जन का सवाल था।

"नाचीज को मौलवी जियाउद्दीन कहते हैं।" सुभाष ने उत्तर दिया।

बातचीत का सिलसिला ज्यादा न चले, इसके लिए सुभाष ने नींद आने का बहाना किया और दो-एक जम्हाइयाँ लेकर अखबार से अपना मुँह ढक लिया तथा नींद आने का अभिनय करने लगे।

गाड़ी चलती रही, स्टेशन पार होते रहे। सुभाष ने नींद आने का बहाना भर किया था। वे तन और मन दोनों से जाग रहे थे। उनके विचार गाड़ी की रफ्तार से अधिक तेजी से दौड़ रहे थे। उनके मन में भारत के भविष्य के चित्र उभरते और

मिटते जा रहे थे। भारत माता के बंधनों को काटने के लिए अपने प्राणों की बलि देनेवाले शहीदों के चित्र उनके 'मानस-पटल' पर उभरते जा रहे थे। उन चित्रों में थे—खुदीराम बोस, प्रफुल्ल चाकी, कन्हाई लाल, सत्येंद्र बसु, राम प्रसाद 'बिस्मिल', ठाकुर रोशन सिंह, अशफाक उल्ला खाँ, राजेंद्र लाहिड़ी, चंद्रशेखर आजाद, सरदार भगत सिंह, सुखदेव, शिवराम राजगुरु, यतींद्रनाथ दास और जाने कितने अन्य। उनके विचारों में अब यह परिवर्तन आया कि फाँसी के फंदे चूमने के स्थान पर युद्ध के मैदानों में अब अपने दुश्मन से दो-दो हाथ होंगे।

मुक्तिवाहिनी के रूप में 'आजाद हिंद फौज' उनकी कल्पना में साकार हो उठी।

इसी प्रकार की कल्पनाओं में गाड़ी के सफर में १९ जनवरी आई और चली गई। २० जनवरी को उनकी ट्रेन पेशावर के सिटी स्टेशन पर रुकी। पूर्व निश्चित योजना के अनुसार सुभाष के कुछ सहायकों को सिटी स्टेशन से उसी गाड़ी में सवार होना था। 'फॉरवर्ड ब्लॉक' के एक नेता अकबर शाह प्लेटफॉर्म पर दिखाई दिए; पर वे न तो सुभाष से आकर मिले और न उन्होंने गाड़ी में बैठने की शीघ्रता दिखाई। 'फॉरवर्ड ब्लॉक' के नेता होने के नाते उनपर भी पुलिस की निगरानी थी, अतः सुभाष और उनकी बातचीत खतरनाक हो सकती थी। जब गाड़ी चलने लगी तो अकबर शाह एक अन्य डब्बे में सवार हो गए।

अगला स्टेशन पेशावर का कैंटोनमेंट स्टेशन था। यहीं सुभाष को उतरना था। उनके पहले अकबर उतर गए और निश्चिंत भाव से फाटक की ओर चल दिए। कुली को सामान लदवाकर थोड़े फासले से सुभाष भी उनके पीछे हो लिये। अकबर शाह फाटक के बाहर निकल गए। बाहर निकलते ही उन्होंने चारों ओर बिखरे हुए अपने पठान साथियों की ओर नजर दौड़ाई। अपने साथियों को पाकर वे आश्वस्त हो गए। साथियों की आँखें अकबर शाह की आँखों से मिलीं। अकबर शाह की आँखों ने मूक भाषा में जैसे उनसे कहा हो, ''हम लोग बंगाल के जिस शेर का इंतजार कर रहे थे, वह आ गया है। तुम लोग हथियारों से लैस रहो। शेरे-बंगाल पर आँच नहीं आनी चाहिए। जरूरत पड़े तो तुम लोग आजादी के इस दीवाने के लिए अपनी जान की बाजी लगा देना।''

साथियों की आँखों ने भी उसी लहजे में उत्तर दिया, ''हम पठान लोग अपने कौम पर मर मिटेंगे, पर आजादी के दीवाने अपने इस मेहमान पर आँच नहीं आने देंगे। जहाँ इसका पसीना गिरेगा, वहाँ हम लोग अपना खून बहाने के लिए तैयार रहेंगे।''

अकबर शाह के पीछे ही सुभाष भी रेलवे फाटक के बाहर निकल गए और उन्होंने देखा कि अकबर शाह ने गंतव्य तक जाने के लिए एक ताँगेवाले से भाव-ताव किया और बात पक्की न होने पर वे आगे बढ़ गए। सुभाष के लिए यह यथेष्ट संकेत था। वे जाकर उसी ताँगे पर बैठ गए, जिसको अकबर शाह अपने लिए तय करना चाहते थे। ताँगे वाले से उनकी कोई बातचीत नहीं हुई और उनके बैठते ही वह इस प्रकार चल दिया जैसे वह उनको प्राय: ले जाता हो। ताँगा पेशावर के 'ताजमहल' होटल के सामने रुका। सेवकों ने सामान उतारा और सुभाष उसी अंदाज से अंदर दाखिल हो गए जैसे वे वहाँ हमेशा आते-जाते रहते हों।

अकबर शाह दूसरे ताँगे पर सवार होकर दूसरे गंतव्य की ओर चल दिए, जहाँ उन्हें अपने अन्य साथियों के साथ व्यवस्था संबंधी कुछ चर्चाएँ करनी थीं।

'ताजमहल' होटल के एक कमरे में सुभाष आराम कर रहे थे। सहसा उन्हें अपने कमरे के दरवाजे पर थपथपाहट सुनाई दी। उन्होंने दरवाजा खोला और सोचा कि शायद अकबर शाह हों, पर उन्होंने देखा कि आनेवाला अकबर शाह न होकर एक कद्दावर पठान नौजवान था। आँखें मिलते ही पठान का स्वर सुनाई दिया, "बंदे को अब्दुल मजीद खान कहते हैं। शायद आप मेरे बड़े भाई अब्दुल कय्यूम खान को जानते होंगे, जो यहाँ 'मुसलिम लीग' के नेता हैं।"

'मुसलिम लीग' का नाम सुनते ही सुभाष को कुछ हैरानी हुई और वे सवालिया नजरों से उस नौजवान की ओर देखने लगे। उनकी परेशानी को ताड़कर पठान युवक ने फौरन स्थिति स्पष्ट की, "मेरे बड़े भाई मुसलिम लीग के नेता हैं, पर मैं खुद फॉरवर्ड ब्लॉक का सदस्य हूँ और अकबर शाह की पार्टी का आदमी हूँ। उन्होंने मुझे कुछ इत्तिला देने आपके पास भेजा है। आप बेफिक्र रहें, यहाँ सबकुछ ठीक है और कल शाम को हम लोग आपसे मिलकर आगे का प्रोग्राम तय करेंगे।"

अगले दिन, अर्थात् २१ जनवरी की शाम को लगभग चार बजे अकबर शाह और भगतराम ने सुभाष से भेंट की। भगतराम से उनका यह पहला परिचय था और इन्हीं भगतराम को यह कर्तव्य-भार दिया गया था कि वे सुभाष को अफगानिस्तान तक ले जाएँ। इन्हीं कॉमरेड भगतराम ने ही आगे 'रहमत खान' नाम धारण करके सुभाष की अगली यात्रा संपन्न कराई। इस कठिन कर्तव्य को वहन करते हुए भगतराम बहुत खुश थे कि उन्हें एक देशभक्त की सेवा करने का अवसर मिला है। भगतराम का परिवार क्रांतिकारियों का परिवार था।

पूर्व-निश्चित कार्यक्रम में कुछ परिवर्तन किया गया। पहले जिस रास्ते से पेशावर से बाहर निकलना था, वह बहुत लंबा था। उसके स्थान पर अब एक छोटा

रास्ता तय किया गया; पर यह कठिन और पहाड़ी रास्ता था और इस रास्ते से ले जाने के लिए एक जानकार मार्गदर्शक की आवश्यकता थी। इस छोटे रास्ते से पेशावर से बाहर निकलने के लिए एक मिलिट्री कैंप के पास से गुजरकर और खजूरी मैदान को पार करके अफरीदी इलाके में पहुँचना था। वहाँ से सिनवारी गाँव का रास्ता लाँघकर अफगानी सीमा में प्रवेश करना था।

मार्गदर्शक की खोज जारी रही और २५ जनवरी को वह मिल गया। अगले दिन २६ जनवरी को सुभाष सुबह के धुंधलके में अपने गंतव्य के दूसरे चरण के लिए चल दिए। पेशावर से वे एक कार में रवाना हुए। कार में पाँच सवारियाँ थीं। वे पाँच सवारियाँ थीं— सुभाष स्वयं, कार का ड्राइवर, कॉमरेड भगतराम, कॉमरेड आबाद खान और मार्गदर्शक। उनकी कार पेशावर के मिलिट्री कैंप से गुजरकर खजूरी मैदान की ओर बढ़ गई।

यहाँ तनिक रुककर हम देखें कि २६ जनवरी को उधर कलकत्ता में क्या माहौल था।

२६ जनवरी, १९४१ के भोर से ही कलकत्ता में स्वाधीनता दिवस मनाने की दीवानगी प्रारंभ हो गई थी। देशभक्तों ने २६ जनवरी को यह शपथ ली थी कि हम देश को स्वाधीन कराकर रहेंगे और इसीलिए प्रत्येक २६ जनवरी स्वाधीनता-दिवस के रूप में मनाई जाती थी। प्रभात-फेरी के पश्चात् दीवानों के दल मातृभूमि को स्वाधीन कराने की शपथ लेने के लिए एकत्र हो चुके थे। बड़े जोश और उत्साह के वातावरण में आजादी की शपथ ली गई। इसी समय कलकत्ता के एलगिन रोड पर स्थित बोस परिवार के भवन से एक चिंताजनक समाचार फैलकर लोगों को बेचैन करने लगा और वह समाचार था कि सुभाषचंद्र बोस कहीं लापता हो गए हैं। उनके परिवार के लोग भी हैरान होकर इधर-उधर दौड़ते दिखाई दिए और पुलिस तो पागलों की तरह कलकत्ता का कोना-कोना छानती दिखाई दी। पुलिस थानों से सभी दिशाओं में टेलीफोन किए जा रहे थे और जासूसों का जाल बिछा दिया गया था।

बाजारों, सड़कों और गलियों में जन-चर्चाओं का ज्वार उमड़ पड़ा था। कलकत्ता से यह समाचार पूरे देश में प्रसारित हो चुका था। कोई कहता था कि सुभाष हिमालय की किसी कंदरा में बैठकर तपस्या कर रहे हैं तो कोई अनुमान लगा रहे थे कि विद्रोही नेता से छुट्टी पाने के लिए ब्रिटिश सरकार ने उन्हें समाप्त करके यह अफवाह फैला दी कि वे कहीं गायब हो गए हैं। घरवालों ने भी उनकी खोज-खबर पाने के लिए कई स्थानों और तीर्थों में दूत भेज दिए; क्योंकि एक बार

वे तीर्थों की ओर ही निकल गए थे।

गांधीजी ने एक तार भेजकर शरतचंद्र बोस से स्थिति का निराकरण चाहा। तार की भाषा थी—'सुभाष के बारे में चौंकानेवाले समाचार मिले। तार से सत्य समाचार दो।'

शरतचंद्र बोस ने भी तार से ही उत्तर दिया—'सुभाष की योजना और गंतव्य के विषय में हम भी उतने ही अनभिज्ञ हैं जितनी जनता। प्रस्थान करने का ठीक समय भी ज्ञात नहीं है। तीन दिनों के अथक प्रयत्नों के बावजूद कोई खोज-खबर नहीं। स्थितियों से संन्यास का आभास मिलता है।'

आइए, अब हम छोड़े हुए सूत्र को पुनः ग्रहण करें और यह जानें कि २६ जनवरी के भोर में पेशावर से चलने के पश्चात् सुभाष किस तरह कहाँ पहुँचे।

२६ जनवरी, १९४१ को सुभाष अन्य चार साथियों के साथ कार द्वारा प्रस्थित हुए और मिलिट्री कैंप को पार करके खजूरी मैदान में दाखिल हुए। यहाँ से आगे पहाड़ी मार्ग था, अतः कॉमरेड आबाद खान और ड्राइवर को कार के साथ वापस कर दिया गया और शेष यात्रा के लिए रह गए केवल तीन व्यक्ति—सुभाषचंद्र बोस, कॉमरेड भगतराम और मार्गदर्शक। चढ़ाई बिलकुल सीधी और थका देनेवाली थी। चलते-चलते सुभाष का बुरा हाल था। उनके आगे मार्गदर्शक था और पीछे से भगतराम, जो उनसे बिलकुल सटकर चल रहे थे। सुभाष का अंग-अंग टूट रहा था और वे लड़खड़ाकर चल रहे थे। एक स्थान पर यह दल थोड़ा विश्राम करने के लिए बैठ गया। बातचीत के क्रम में भगतराम ने बताया कि खजूरी मैदान को छोड़कर केवल डेढ़ मील ही आगे बढ़े हैं। यह सुनकर सुभाष चिहुँक पड़े, "तो बॉर्डर पार करने के लिए अभी कितना फासला और तय करना होगा?"

भगतराम ने हँसकर उत्तर दिया, "बॉर्डर तो हम कभी के पार कर चुके हैं।"

यह सुनकर सुभाष के मन में खुशी की लहर दौड़ गई। उन्हें इस विचार से संतोष हुआ कि दानवी ब्रिटिश साम्राज्य की सीमा उन्होंने पार कर ली है। सूचना तो थकान दूर करनेवाली थी ही, रहे-सहे श्रम का परिहार करने के लिए वहीं बैठकर नाश्ता किया गया।

नाश्ते के बाद चलने का क्रम फिर से प्रारंभ हो गया। इस बार जरा तेजी से चलना पड़ा, क्योंकि शाम घिर रही थी और अगला गंतव्य दूर था। समतल भूमि के निवासी सुभाष को कठिन पहाड़ी मार्ग पर चलने में बहुत कष्ट हो रहा था; पर भारत-माता के कष्टों के आगे उन्हें अपने कष्टों का भान नहीं हो रहा था। अब साथ निभाने के लिए एक और हमराही उन्हें मिल गया और वह था आसमान का

चाँद, जो रास्ता दिखाने के लिए उनके साथ हो लिया।

इधर चाँद ने साथ निभाना प्रारंभ किया तो उधर ठंडी अफगानी हवा ने तीर के समान चुभना प्रारंभ कर दिया। सबकुछ सहन करते हुए सुभाष अपने रास्ते पर आगे बढ़े जा रहे थे। देशवासियों के कष्ट दूर करने के लिए ही तो उन्होंने कष्ट ओढ़े थे।

□

पिस्कन मायूना की मसजिद में

लगभग आधी रात को यह दल सर्दी से ठिठुरता हुआ पिस्कन मायूना गाँव में पहुँचा। ठहरने के लिए वहाँ केवल एक ही स्थान था और वह थी—गाँव की मसजिद। भगतराम ने एक खास अंदाज में मसजिद का दरवाजा थपथपाया। दरवाजा खुला और तीनों यात्री अंदर प्रविष्ट हुए। स्थान बहुत सीमित था और पच्चीस आदमी वहाँ पहले से ही सोए हुए थे। नवागंतुकों के प्रवेश कर लेने पर दरवाजा फिर बंद कर दिया गया। कमरे के अंदर तंबाकू का धुआँ भरा हुआ था और उस धुएँ से सुभाष को बहुत कष्ट हो रहा था; पर वह उन्हें सहन करना पड़ा, क्योंकि पठान न होने का शक उन्हें भारी विपत्ति में डाल सकता था।

नए आए हुए यात्रियों के लिए मक्का की रोटियाँ और चाय दी गई। गरम चाय पीकर सर्दी और थकान दूर हो गई। रात्रि का विश्राम उसी मसजिद में हुआ।

२७ जनवरी को सुबह नौ बजे पराँठे और चाय का नाश्ता लेकर सुभाष-दल अपनी यात्रा पर निकल पड़ा। सभी लोग पठान वेश में थे। जिन लोगों ने पूछताछ की उन्हें बताया गया, "हम लोग राज हैं और अगले गाँव में लतीफ खान का जो मकान बन रहा है, उसमें काम करने जा रहे हैं।" दोपहर बारह बजे तक यह दल गाँव में पहुँच गया। सुभाष थककर चूर हो गए थे। छाले उठ-उठकर फूट जाने के कारण उनके पैर जख्मी हो गए थे। उनके लिए एक खच्चर ले लिया गया। रास्ता पहाड़ी और चट्टानी था। गाइड को तो ऐसे स्थानों में चलने का अभ्यास था, पर उसे भी कठिनाई हो रही थी। पहाड़ी ढलान से फिसलनेवाले पहले व्यक्ति थे—कॉमरेड भगतराम। वे सँभले और फिर चलने लगे।

अगली बार उस खच्चर का पैर फिसल गया, जिसपर सुभाष सवार थे। सवारी और सवार दोनों ही गिर पड़े। भगतराम ने लपककर सुभाष को सँभाल लिया और बड़ी कठिनाई से उन्हें गहरे खड्ड में गिरने से बचाया। उनकी दुर्दशा

पर भगतराम को रोना आ गया। वे सोचने लगे कि यह व्यक्ति देश को दुर्दशा से उबारने के लिए ही अपनी दुर्दशा करा रहा है, अन्यथा यह घर रहकर शान-शौकत और सम्मान की जिंदगी जी सकता था।

आजादी का दीवाना अपने साथियों के साथ दुर्गम पहाड़ी मार्ग पर चलता रहा। खच्चर छोड़कर अब वह फिर पैदल चल रहा था, क्योंकि खच्चर से नीचे गिरने पर खड्ड में गिरकर जान से हाथ धोने का खतरा था। उन सबको केवल चलते जाना ही सूझ रहा था। विचार था कि जितना अधिक रास्ता तय कर लिया जाय उतना ही अच्छा। वे दिन भर चले और आधी रात भी चलते-चलते ही गुजार दी। जनवरी मास की बर्फीली हवाएँ कह रही थीं, 'सुभाष! आगे मत बढ़ो, तुम्हारी जान के लिए जोखिम है।'

पर सुभाष भी उन बर्फीली हवाओं की चुनौती को स्वीकारता हुआ एक अनुभूत तथ्य उन्हें समझा रहा था, 'बिना कष्ट सहे कोई बड़ी वस्तु हाथ नहीं लगती। बड़ी उपलब्धि के लिए बड़ी कीमत ही चुकानी पड़ती है। आजादी की कीमत है तप और त्याग। यदि तुम जीवन प्राप्त करना चाहते हो तो जीवन दे डालो। यदि तुम मधुरिम भोर की मोहकता का आनंद लेना चाहते हो तो तुम्हें रात्रि के अंधकार को भी भोगना पड़ेगा। यदि तुम पाटल के सौरभ से मन प्रफुल्लित करना चाहते हो तो उसके तीखे काँटों से बचने का प्रयास मत करो और यदि तुम आजादी चाहते हो तो तप और त्याग से उसकी कीमत चुकाओ।'

अफगानी ठंडी हवाओं की चुनौती को स्वीकारते हुए सुभाष-दल ने कबाइली क्षेत्र पार कर लिया। विभिन्न कबीलों में खूनी संघर्ष बात-बात में हो जाते हैं, पर खैर थी कि उन लोगों ने बिना किसी हादसे के वह क्षेत्र पार कर लिया। सन् १९४१ की २८ जनवरी का दिन था। कबीले के एक गाँव सिनवारी में शेष रात बिताने का निश्चय किया गया। विश्राम के लिए गाइड उन्हें अपने मित्र के घर ले गया। उन्हें आदर और स्नेह के साथ भोजन कराया गया और विश्राम के लिए सुखद स्थान दिया गया।

किंतु सुभाष के जीवन में सुख था ही कहाँ! यदि उन्हें किसी ने अपनाया तो कष्टों और यातनाओं ने। अभी विश्राम का उपक्रम किया ही जा रहा था कि खच्चरवाले ने एक नया प्रस्ताव रख दिया, "मैं आप लोगों को पेशावर-काबुल रोड पर 'गारडी' गाँव तक पहुँचा सकता हूँ और किराया भी सिर्फ तेरह रुपए लूँगा; पर शर्त यह है कि अभी तुरंत ही चल देना पड़ेगा।" लीजिए, विश्राम की सभी योजनाएँ रखी रह गईं और चलने के लिए तैयार होनेवालों में सुभाष पहले व्यक्ति थे। काफिला फिर चल पड़ा और अब गाइड को भी वापस कर दिया गया। चलने

का क्रम रात भर चलता रहा। सुबह दस बजे वे लोग 'गारडी' गाँव पहुँच गए। अब खच्चरवाले को भी विदा कर दिया गया। उसने तेरह रुपयों से कुछ अधिक ही झटक लिये। वह इन्हें तस्कर व्यापारी समझ रहा था।

आगे के सफर में अब केवल दो व्यक्ति ही रह गए—सुभाष और भगतराम। तय हो गया कि भगतराम अब अपना नाम रहमत खाँ बताएँगे और सुभाष अब गूँगे-बहरे का अभिनय करेंगे; क्योंकि वे पश्तो भाषा नहीं बोल सकते थे। उनका नाम जियाउद्दीन ही बना रहा। भगतराम उर्फ रहमत खाँ अच्छी पश्तो बोल लेते थे और दोनों ही बिना कोई भूल किए नमाज पढ़ लिया करते थे।

चलने का क्रम फिर प्रारंभ हो गया। चलते-चलते दोनों यात्री अब एक छोटे से गाँव 'हारजानाओ' में पहुँचे, जहाँ विश्राम करने के लिए थोड़ा रुक गए। इसी बीच पहाड़ी से उतरकर एक लहीम-शहीम पठान उनके पास पहुँचा और सुभाष से पश्तो भाषा में कुछ पूछने लगा। सुभाष ने 'आँ-आँ' का स्वर उच्चारण कर अपने गूँगे होने का परिचय दिया।

रहमत खाँ नामधारी भगतराम ने उत्तर दिया, "हम लोग मुसाफिर हैं। ये मेरे चाचा जियाउद्दीन हैं, जो गूँगे और बहरे हैं। इनके लिए दुआँ माँगने हम लोग अद्दा शरीफ जा रहे हैं।" पठान ने हमदर्दी दिखाई; पर उसने गूँगे की जीभ देखनी चाही। सुभाष का मुँह खुलवाया गया और पठान ने अपनी गंदी उँगली से उसे दबाकर देखा। उसने जबान को नरम करने के लिए दवा का एक नुस्खा भी बताया और चला गया।

चाहे कोई भी देश हो, वहाँ का हर आदमी आत्म-स्थापित डॉक्टर अवश्य होता है और वह कोई-न-कोई दवा बताए बिना रहता नहीं है।

अभिनय की सफलता और संदेह न होने की प्रसन्नता सहित जियाउद्दीन और रहमत खाँ फिर आगे बढ़े और चलते-चलते वे बासोल गाँव जा पहुँचे। वहाँ उन्हें एक ट्रक मिल गया और ट्रकवाला उन्हें बैठाने के लिए तैयार भी हो गया; पर शर्त यह थी कि ट्रक के ऊपर खुले भाग में सामान के साथ बैठना पड़ेगा। ट्रक के ऊपर चाय-पत्ती के बक्से लदे हुए थे। उन बक्सों पर दोनों बैठ गए और रात की बर्फीली हवाएँ झेलते रहे। जलालाबाद पहुँचते-पहुँचते रात के दस बज गए।

जनवरी की २९ तारीख आ चुकी थी। सुबह की चाय पीकर दोनों होटल से बाहर निकले और अद्दा शरीफ की पवित्र दरगाह पहुँच गए। हाजी साहब से भगतराम का पुराना परिचय था। वहाँ दोनों ने नमाज पढ़ी और कहीं कोई भूल नहीं की। हाजी साहब विश्वास के आदमी थे, पर फिर भी उन्हें सुभाष का असली

परिचय नहीं दिया गया और यही बताया गया कि वे भारत के एक क्रांतिकारी हैं और किसी गोपनीय मंत्रणा के लिए रूस जा रहे हैं। हाजी साहब ने उनके साथ पूरी हमदर्दी दिखाई और रास्ते में आनेवाले खतरों से आगाह भी कर दिया। उन्होंने बताया कि काबुल से तेरह मील पहले बदखाक नामक स्थान पर एक चेक पोस्ट है। उसे बहुत होशियारी से पार करने की आवश्यकता है। उनके मतानुसार आगे फिर कोई खतरा नहीं था।

३० जनवरी को सुभाष और भगतराम ताँगे से चलकर सुलतानपुर पहुँचे। उन्हें आशा थी कि वहाँ से भी कोई ट्रक मिल जाएगा, पर नहीं मिला। विवश होकर उन्हें फिर पैदल चलना पड़ा। पैदल चलना अब सुभाष के बस की बात नहीं थी। उनके दोनों पैर जख्मों से भरे हुए थे। इतना सब होने पर भी उन्हें पैदल चलना पड़ रहा था। चलते-चलते शाम के पाँच बजे वे 'मिमला' गाँव पहुँचे। दिन भर खाने को कुछ मिला नहीं था। एक स्थान पर केवल चाय ही मिली थी। गाँव की सराय में खाना बनवाया गया और दोनों खाना खाने बैठे ही थे कि एक ट्रक आ पहुँचा। भगतराम ने दौड़कर ट्रकवाले से बात की और वह उन्हें ले जाने को तैयार हो गया। सामने आया हुआ खाना छोड़कर दोनों ट्रक में बैठकर चल पड़े। रात के नौ बजे ट्रक 'जंदमक' पहुँचा तो वहाँ कुछ खाया गया। थोड़ी देर ठहरकर ट्रक फिर चल दिया और रात के दस बजे 'कबुतमत' गाँव पहुँचा। चाय पीकर सब लोग फिर चल दिए और ३१ जनवरी की सुबह पौ फटते-फटते बदखाक के चेक पोस्ट पर पहुँच गए। यह बदखाक वही बदनाम चेक पोस्ट था, जिसके लिए हाजी साहब ने सावधान रहने के लिए कहा था।

बदखाक के चेक पोस्ट के कुछ पहले ही ट्रक खड़ा हो गया। चेक पोस्ट के कुछ आगे एक होटल था। वहाँ पहुँच जाने पर पूछताछ का खतरा नहीं था। पहले भगतराम ने चेक पोस्ट पार किया। उन्होंने देखा कि सभी चेक पोस्ट पर बेखबर सो रहे हैं। स्थिति का लाभ उठाते हुए उन्होंने संकेत करके सुभाष को भी बुला लिया और होटल पहुँचकर दोनों बेफिक्र हो गए। चाय पीकर दोनों उस होटल में एक घंटे तक सोए और जब ट्रकवाले ने जगाया तो दोनों उठे और फिर ट्रक में बैठकर ३१ जनवरी के दिन के ग्यारह बजे काबुल पहुँच गए। लाहौरी गेट की सराय में ठहरने का प्रबंध किया गया। वहाँ उन्होंने कुछ गरम कपड़े खरीदे, क्योंकि अभी तक मौसम के हिसाब से दोनों सूती कपड़े ही पहने हुए थे। दो कंबल भी खरीदे, जिससे जान में जान आई।

फरवरी मास की पहली तारीख ने अपने आगमन की सूचना दे दी थी। खाली

बैठे रहना किसी को भी अभीष्ट नहीं था। सुभाष और भगतराम—दोनों ने ही रूसी ट्रेड एजेंसी द्वारा रूस के दूतावास से संपर्क साधने का प्रयत्न किया; पर कुछ विशेष सफलता नहीं मिली। इस प्रकार काबुल में निरुद्देश्य पड़े रहना खतरनाक भी था; क्योंकि ब्रिटिश शासन ने अपने पूरे साम्राज्य में और अपने मित्र देशों के राज्यों में सुभाषचंद्र बोस के भाग निकलने के समाचार पहुँचा दिए थे तथा गुप्तचरों का जाल दूर-दूर तक फैला दिया गया था।

सुभाष और भगतराम निराशा के थपेड़े खा ही रहे थे कि एक बहुत बड़ी मुसीबत ने उन्हें आ घेरा। जासूसों की नजरों से बचने के लिए वे कमरे के अंदर ही चाय पीते थे। यह काबुल की प्रथा के विरुद्ध था। सराय में ठहरनेवाले सभी मुसाफिर बाहर होटल में जाकर ही चाय पीते थे। कई दिन से वे इधर-उधर चक्कर भी काट रहे थे। आखिरकार, वे एक जासूस के शिकार हो ही गए। उसने भगतराम से पूछताछ की और कहा कि तुम दोनों को पुलिस थाने चलना होगा। भगतराम ने समझाया कि वह उनके चचाजान को और उन्हें थाने तक नहीं ले जाए; पर वह जासूस नहीं माना। आखिरकार, भगतराम ने चाँदी का जूता चलाया। उसे रिश्वत में दो रुपए दिए गए। जासूस उस समय तो चला गया, पर रुपयों का स्वाद उसकी जबान से लग चुका था और वह वहाँ प्रायः रोजाना पहुँचकर कुछ-न-कुछ झटकने लगा। एक दिन भगतराम को क्रोध आ गया और उन्होंने गुप्तचर को काफी झिड़क दिया और कह दिया कि वे अपने बीमार चचाजान को थाने पर नहीं ले जा सकते, चाहे दारोगाजी का आदेश हो या उनके बाप का।

झिड़की खाकर गुप्तचर ने पैंतरा बदला और कहा, ''मैं तो आपको अपना भाई समझता हूँ और भाई के अधिकार से ही मैं आपसे कुछ माँग लिया करता हूँ। आप मुझे एक निशानी दे दीजिए। फिर मैं आपके पास कभी नहीं आऊँगा।'' गुप्तचर का मन भगतराम की कलाई पर बँधी सुंदर घड़ी पर आ गया था। जो घड़ी भगतराम ने अपनी कलाई पर बाँध रखी थी, वह सुभाष के पिता श्री जानकीनाथ ने सुभाष को उपहार में दी थी। सुभाष का संकेत पाकर भगतराम ने वह घड़ी गुप्तचर को दे दी।

इन लोगों ने सोचा कि घड़ी देकर संकट की घड़ी टल गई, पर ऐसा हुआ नहीं। गुप्तचर भी अव्वल नंबर का घाघ था। अगले दिन वह उनके पास फिर पहुँच गया और कहने लगा कि वह घड़ी तो दारोगाजी ने छीन ली। अपनी मुसीबत की कहानी सुनाकर उसने भगतराम से पाँच रुपए उधार माँगे और लौटा देने का वादा किया। मुसीबत से बचने के लिए भगतराम ने रुपए तो दे दिए, पर सोचा कि अब तो स्थान बदलना ही होगा; क्योंकि गुप्तचर का लालच और उनका

संकट बढ़ता ही जा रहा है।

सुभाष और भगतराम ने काबुल में जर्मन दूतावास से संपर्क स्थापित किया और उन्हें काम बनता नजर आया। भगतराम ने काबुल में अपने एक मित्र उत्तमचंद मल्होत्रा को भी खोज लिया और शेष समय (अड़तालीस दिन) उसी के घर आराम से बिताया।

□

विश्व-युद्ध के बादल

यूरोप के आकाश पर छाए हुए बादलों को संधि के बादलों ने उड़ाने का भरसक प्रयत्न किया, पर अंतरराष्ट्रीय तनाव की उमस बढ़ती ही गई और एक दिन २ सितंबर, १९३९ को वे यूरोप की भूमि पर बरस ही पड़े। भारत को भी उसके ब्रिटिश स्वामियों ने जबरन युद्ध में घसीट लिया; पर भारतीयों में उनके इस कृत्य के विरुद्ध असंतोष था।

भारतवर्ष में राष्ट्रीय आंदोलन की स्थिति भी अच्छी नहीं थी। दूसरी ओर, ब्रिटिश शक्ति दिन-प्रतिदिन बढ़ती जा रही थी। यह वह समय था जब सुभाषचंद्र बोस ने अंग्रेजों के शत्रुओं से मिलकर भारत-मुक्ति के पक्ष को सबल करना चाहा। सुभाष का संपर्क जर्मन दूतावास से हो ही चुका था। इटली के दूतावास ने भी सुभाष की सहायता करने में उत्साह दिखाया और परिणाम यह हुआ कि एक 'ऑरलैंडो मैजोटा' (इटालियन नाम) के नाम से सुभाष का पासपोर्ट बनवाकर उनका जर्मनी की भूमि पर जाना तय कर दिया। यद्यपि रूस के राजदूत ने कोई उत्साह नहीं दिखाया; पर सुभाष का भान रूस की भूमि का स्पर्श करके ही जर्मनी की राजधानी बर्लिन की ओर प्रस्थित हुआ।

□

सुभाषचंद्र बोस बर्लिन में

सुभाषचंद्र बोस के बर्लिन पहुँचने का समाचार अत्यंत गोपनीय रखा गया था। जर्मन वैदेशिक विभाग को बोस के पहुँचने की पूर्व सूचना थी और उनसे संपर्क स्थापित करने, उनको ठहराने तथा अन्य सुविधाएँ प्रदान करने के लिए अधिकारियों की नियुक्तियाँ की जा चुकी थीं। जर्मन वैदेशिक विभाग में भारतीय मामलों की देख-रेख के लिए विभागाध्यक्ष थे श्री आदम वॉन ट्रॉट और उनके सहायक थे श्री अलॅग्जेंडर वर्थ। वॉन ट्रॉट ने बोस को उनके जर्मनी-प्रवास में अंत तक पूरा सहयोग दिया। बर्लिन में बोस का निवास-स्थान सॉफिंसट्रैसी क्षेत्र में निश्चित किया गया, जहाँ पहले अमेरिका के फौजी सहायक का निवास था।

'स्पेशल इंडिया डिवीजन' नाम का विभाग केवल इसलिए खोला गया कि वह भारत से संबंधित सभी मामलों में बोस को सहयोग दे सके। इस डिवीजन के सभी अधिकारी बोस से बहुत प्रभावित थे।

बोस इस समय (सन् १९४१ में) पहली बार जर्मनी नहीं पहुँचे थे। जब वे वियना में अपना इलाज करा रहे थे, तब सन् १९३५ में वे पहली बार जर्मनी पहुँचकर वहाँ के जनजीवन का सूक्ष्म निरीक्षण कर आए थे। कई स्थानों पर उन्होंने 'भारत की आजादी' विषय पर भाषण भी दिए थे और जर्मनवासियों में भारत के पक्ष में वातावरण भी तैयार किया था।

यदि उस समय बोस शासकीय अतिथि के रूप में जर्मनी में रहे होते तो उन्हें केवल वे स्थान और वस्तुएँ ही दिखाई जातीं, जो केवल दिखाने के लिए होती हैं। उस समय उन्होंने सामान्य नागरिक की हैसियत से लोगों में घुल-मिलकर उनका सामाजिक और सांस्कृतिक जीवन अत्यंत निकट से देखा तथा वहाँ की राजनीतिक गतिविधियों का अध्ययन भी किया।

□

हिटलर ने पहली बार सुभाषचंद्र बोस को 'नेताजी' कहकर पुकारा

जर्मनी के तानाशाह प्रशासक एडॉल्फ हर हिटलर और स्वयं सुभाषचंद्र बोस दोनों ही एक-दूसरे से मिलने के लिए अत्यंत उत्सुक थे; पर उन दोनों के मिलन में कुछ अधिक समय लग गया। एक बार सुभाष ने चिढ़कर एक जर्मन अफसर से यहाँ तक कह दिया, ''अपने देश की भलाई के लिए मैं अपनी गरदन फँसाकर जर्मनी आ पहुँचा हूँ। यदि यहाँ मेरे उद्‌देश्यों की पूर्ति नहीं हुई तो अपने देश की भलाई के लिए मैं अपनी गरदन दुबारा फँसाकर भारतवर्ष लौट सकता हूँ। यदि मैं कुशल अंग्रेज जासूसों की आँखों में धूल झोंककर यहाँ आ सकता हूँ, तो मैं जर्मनी जासूसों की आँखों में धूल झोंककर जर्मन से बाहर भी जा सकता हूँ। मेरा यह कथन हिज एक्सीलेंसी हिटलर से इन्हीं शब्दों और इसी लहजे में कह देना।''

बोस के इस निर्भीक कथन को सुनकर वह जर्मन अफसर दंग रह गया था। किसी-न-किसी रूप में यह बात हिटलर तक पहुँच भी गई; पर हिटलर ने इस बात का बुरा मानने के स्थान पर बोस की स्पष्टवादिता और निर्भीकता की प्रशंसा ही की और जब दोनों का ऐतिहासिक मिलन हुआ तो उन्होंने सुभाष की प्रशंसा इन शब्दों में व्यक्त की—

''मैं फ्राइज इंडीशे फूहरर सुभाषचंद्र बोस का जर्मनी में स्वागत करता हूँ और श्रीमान के सुरक्षित बर्लिन पहुँचने पर हार्दिक बधाई देता हूँ।''

बोस ने भी हिज एक्सीलेंसी एडॉल्फ हर हिटलर को विनम्र शब्दों में धन्यवाद दिया और लगे हाथ उनसे कुछ और निवेदन भी कर डाला, ''जर्मनी में भारतीय संगठन सर्वथा स्वतंत्र होगा और उसमें जर्मन हस्तक्षेप के लिए कोई स्थान नहीं होगा।''

''यूरोप में रहनेवाले प्रवासी भारतीयों को इसी संगठन का अंग माना जाय। उनके मार्ग में कोई व्यवधान उपस्थित न किए जाएँ।''

''साम्यवादी दृष्टिकोण रखने के कारण जो भारतीय वहाँ बंदी हैं, उन्हें मुक्त किया जाय और उन्हें भी भारतीय संगठन में सम्मिलित होने की अनुमति दी जाय।''

हर हिटलर ने इन सभी शर्तों को सहर्ष स्वीकार किया और भारत-जर्मन सहयोग भारत की आजादी की दिशा में तीव्र कदमों से चल पड़ा।

□

ऐतिहासिक मिलन

जर्मनी की राजधानी बर्लिन में रहनेवाले भारतीयों तथा उसके अंदर के भू-भागों में रहनेवाले भारतीयों के पास एक सुबह एक निमंत्रण-पत्र पहुँचा, जिसे पाकर उन्हें बहुत कौतूहल हुआ। पत्र की भाषा थी—

> श्रीमती/श्रीमान ....
>
> इस पत्र द्वारा मैं आप महानुभावों को सादर आमंत्रित करता हूँ कि आप बर्लिन स्थित 'टी-गार्डन क्षेत्र' में मेरे निवास-स्थान पर स्वल्पाहार के लिए पधारकर मुझे अनुगृहीत करें। आप सबकी उपस्थिति मुझे बहुत प्रेरणा देगी और हम लोग समसामयिक विषयों की समीक्षा करके अपने समय का सदुपयोग कर सकेंगे।
>
> नियत दिनांक : २ अक्तूबर, १९४१
> स्थान : ऑरलैंडो मैजोटा का निवास—टी-गार्डन
> समय : अपराह्न ३ बजे।
>
> विनीत
> ऑरलैंडो मैजोटा

यह निमंत्रण-पत्र उन सभी भारतीयों के पास भेजा गया था, जो जर्मनी तथा यूरोप के अन्य भागों में रहे थे। जिस-जिसको भी यह पत्र मिला, वह अटकलें लगाने में व्यस्त हो गया—निमंत्रण भेजनेवाला कौन है ? उसने केवल भारतीयों को ही क्यों बुलाया है और २ अक्तूबर महात्मा गांधी के जन्म-दिवस पर ही क्यों बुलाया है ?

इसी प्रकार के कौतूहलपूर्ण विचारों को लिये हुए भारतीय जन २ अक्तूबर के अपराह्न में नियत स्थान पर पहुँच गए। प्रमुख द्वार पर जो दो व्यक्ति आगत अतिथियों

के स्वागत के लिए तैनात थे, वे भी बिलकुल भारतीय जैसे ही थे और वे दो युवक, जो अतिथियों को सभागृह में बैठा रहे थे, वे भी भारतीयों के अतिरिक्त और कोई नहीं थे। स्वागत-भाषण अंग्रेजी भाषा में होते हुए भी भारतीय पद्धति का था।

सभाकक्ष में सबको यथा-स्थान आसीन कराने के पश्चात् चारों स्वागतकर्ता उस कक्ष में बने हुए एक छोटे से मंच पर उपस्थित हुए और उनमें से एक ने बोलना प्रारंभ किया—

''मित्रो!

मैं भी आपकी ही भाँति एक भारतीय हूँ और मेरा नाम है एन.सी. नांबियार। मेरे ये तीनों साथी भी भारतीय हैं और क्रमशः इनके नाम हैं—एन.जी. गणपुले, एम.आर. व्यास और आबिद हसन।'' अपना नाम पुकारे जाने पर प्रत्येक व्यक्ति ने लोगों को नमस्कार किया। तालियों की गड़गड़ाहट के पश्चात् श्री नांबियार ने फिर बोलना प्रारंभ किया—

''हम लोगों ने श्री ऑरलैंडो मैजोटा की ओर से आप सबका स्वागत किया और अब मैं स्वयं श्री मैजोटाजी से यह प्रार्थना करता हूँ कि गण्यमान्य अतिथियों का स्वागत करें।''

नांबियार·का कथन समाप्त होने पर फिर तालियाँ बजीं और मंच के एक दरवाजे से एक भव्य तथा विशाल व्यक्ति ने प्रविष्ट होकर, दोनों हाथ जोड़कर सबको नमस्कार किया।

तालियों की गड़गड़ाहट के पश्चात् लोगों की कानाफूसियाँ प्रारंभ हो गईं, ''यह व्यक्ति भारतीय के अतिरिक्त और कोई हो ही नहीं सकता। यदि इस व्यक्ति को पहले कहीं देखा नहीं है तो इसका चित्र अवश्य ही कहीं-न-कहीं देखा है।''

इस प्रकार की अटकलबाजियाँ अभी चल ही रही थीं कि श्री नांबियार ने फिर बोलना प्रारंभ किया—

''मित्रो!

मैं आप लोगों की जिज्ञासा को भलीभाँति समझ रहा हूँ। मैं अब आप सबको इस अवस्था में अधिक देर तक नहीं रहने दूँगा। आप लोगों को यह बताते हुए मुझे बहुत हर्ष हो रहा है कि श्री ऑरलैंडो मैजोटा नामधारी सज्जन भी भारतीय हैं और वे हैं भारत के नवयुवक हृदय-सम्राट् सुभाषचंद्र बोस।'' इस नाम ने जादू किया। लोगों की आँखें चमकने लगीं और हर्षातिरेक से उनके कंठों से 'सुभाषचंद्र बोस की जय' के नारे फूट पड़े। तालियों की तुमुल गड़गड़ाहट जो प्रारंभ हुई तो वह थमने का नाम ही नहीं ले रही थी। दीवानगी का यह माहौल तभी शांत हुआ जब

सुभाषचंद्र बोस बोलने के लिए खड़े हुए।

"मेरे प्यारे स्वदेशवासियो!"

इस संबोधन को सुनकर लोग दीवानावार हो उठे और बहुत देर तक तालियों की गड़गड़ाहट होती रही।

बड़ी मुश्किल से शांति स्थापित होने पर सुभाष ने फिर बोलना प्रारंभ किया—

"मेरे प्यारे स्वदेशवासियो!

"आज मैं जब भारत-माता की गोद से बहुत दूर जर्मनी की राजधानी बर्लिन में आप लोगों के बीच खड़ा हूँ तो मुझे ऐसा लग रहा है जैसे मैं अपनी मातृभूमि से बहुत दूर नहीं हूँ। आपने जिस गर्मजोशी के साथ मुझे अपनाया है, उसने मेरे हौसले और बुलंद कर दिए हैं। आज से हम लोग मिलकर उस योजना को पूर्ण करेंगे, जिससे हम अपनी मातृभूमि को मुक्त करके उसे समृद्धि के पथ पर अग्रसर कर सकें। अपने देश के महान् तथा पूज्य नेता महात्मा गांधी के जन्म-दिवस के अवसर पर आज हम यह प्रतिज्ञा करें कि हम अपनी प्यारी जन्मभूमि को विदेशी चंगुल से मुक्त किए बिना चैन नहीं लेंगे। हिज एक्सीलेंसी हर हिटलर ने हमारी कठिन शर्तों को मानकर भी हमें पूर्ण सहयोग देने का वादा किया है। हमें उनकी इस उदारता का लाभ उठाना चाहिए और एक ऐसा संगठन खड़ा करना चाहिए, जिसकी कई शाखाएँ हों और हम आजादी का पूर्ण युद्ध लड़ सकें। मैं अपनी ओर से एक नारा प्रस्तावित करके आप लोगों के सुझाव आमंत्रित करना चाहता हूँ। हमारा नारा होगा—'जय हिंद!' अपने आपसी अभिवादन के लिए भी हम लोग 'जय हिंद' का ही प्रयोग करेंगे। एक बार जोर से बोलिए—जय हिंद!"

नेताजी का अनुसरण करके लोगों ने अपने कंठों की पूरी शक्ति के साथ 'जय हिंद' का घोष किया।

सुभाष के उद्‌बोधन के पश्चात् श्री गणपुत्रों ने यह सूचना दी कि यहाँ के प्रशासक हर हिटलर ने सुभाषचंद्र बोस को 'भारत का नेता' कहकर पुकारा है, अतः आज से हम लोग भी उन्हें 'नेताजी' कहकर पुकारें। इस विचार का हर्षध्वनि के साथ स्वागत किया गया।

दर्शकों में से एक सुझाव आया—

"हमारे संगठन का नाम 'आजाद हिंद संघ' रखा जाय और इसके आर्थिक संचालन के लिए हर हिटलर का सहयोग प्राप्त किया जाय।" श्री एम.आर. व्यास ने इस संबंध में सूचना दी कि हर हिटलर ने नेताजी के निजी खर्च के लिए आठ सौ पौंड प्रति मास और संगठन के खर्च के लिए बारह सौ पौंड प्रतिमास का व्यय

स्वीकृत किया है। आवश्यकता के अनुसार यह निधि बढ़ाई भी जा सकेगी। आप लोगों को यह बताते हुए मैं गर्व का अनुभव करता हूँ कि नेताजी यह निधि ऋण के रूप में स्वीकार करेंगे, जो भारत की आजादी के पश्चात् लौटा दी जाएगी। उनकी महानता देखिए कि ऋण का भार उन्होंने केवल अपने ऊपर लिया है, किसी अन्य व्यक्ति या राष्ट्र के ऊपर नहीं। नेताजी की महानता के आगे सभी नत थे।

श्री आबिद हसन सफरानी ने सुझाव दिया कि हमारे फौजी संगठन का नाम 'आजाद हिंद फौज' रखा जाय। सब लोगों को यह नाम बहुत पसंद आया। दर्शकों में से एक सुझाव यह भी आया कि हम लोग 'आजाद हिंद रेडियो' की भी स्थापना करें, जिसके द्वारा अपना प्रचार कर सकें और शत्रु के झूठे प्रचार का भंडाफोड़ कर सकें। तय हुआ कि समय-समय पर इसी प्रकार हम लोग मिलकर प्रगति की समीक्षा करते रहें।

इसके पश्चात् सभा विसर्जित हो गई।

□

अभ्यास-युद्ध

'आजाद हिंद संघ' के अंतर्गत 'आजाद हिंद फौज' का निर्माण हो चुका था। अफ्रीका के मोरचे पर जर्मन सेना द्वारा बंदी बनाए गए ब्रिटिश-भारतीय सैनिक जर्मनी और इटली पहुँचाए जा चुके थे। इन युद्धबंदियों ने जब सुना कि नेताजी ने बर्लिन में आजाद हिंद फौज स्थापित की है तो अपने जर्मन अफसरों और नेताजी की रजामंदी से वे बड़ी संख्या में आजाद हिंद फौज में भरती होने लगे। उनके प्रशिक्षण का कार्य नियमित रूप से और जोर-शोर से चल निकला। युद्धबंदियों के अतिरिक्त ऐसे कई छात्र भी फौज में भरती हो गए, जो जर्मनी में इंजीनियरिंग शिक्षा, डॉक्टरी या व्यापारिक प्रशिक्षण के लिए गए हुए थे। अपने प्यारे नेता के आह्वान पर वे भारत माता की बेड़ियाँ काटने के लिए सैन्य-पंक्तियों में जाकर खड़े हो गए। आजाद हिंद फौज को प्रशिक्षण देने के लिए जर्मन प्रशिक्षक नियुक्त किए गए।

एक दिन इस बात का परीक्षण करने के लिए कि आजाद हिंद फौज ने अच्छी लड़ाकू दक्षता प्राप्त कर ली है या नहीं, एक अभ्यास-युद्ध का आयोजन किया गया। जर्मन फौज और आजाद हिंद फौज को आपस में भिड़ना था। बर्लिन स्थित आजाद हिंद संघ की ओर से कोइनिंग्सब्रुक के प्रशिक्षण शिविर में संदेश भेज दिया गया कि नेताजी स्वयं कुछ जर्मन अफसरों के साथ अभ्यास-युद्ध देखने पहुँचेंगे।

रात को भीषण हिमपात हुआ। किंतु प्रात:काल होते ही आजाद हिंद फौज के सैनिक उस भयंकर सर्दी में भी युद्ध के लिए निकल पड़े। कोइनिंग्सब्रुक से दस मील दूर एक पहाड़ी स्थान में युद्ध का आयोजन किया गया था। जर्मन फौजी अफसरों के साथ नेताजी वहाँ पहुँच चुके थे और एक सुरक्षित स्थान पर वे सब आसीन हो चुके थे।

युद्ध प्रारंभ हुआ। आक्रमण जर्मन सेना ने प्रारंभ किया। जर्मन सेना के एस.एस.

ब्रिगेड ने भारतीय सेना पर जोरदार हमला बोल दिया। ऐसा लगता था कि जर्मन फौज आजाद हिंद फौज को बंदी बनाकर ही दम लेगी; पर आजाद हिंद फौज ने जर्मन सेना के सभी प्रयत्न विफल कर दिए। और जब आजाद हिंद फौज ने देखा कि जर्मन सेना आक्रमण कर-करके थक गई है तो अवसर का लाभ उठाकर उसने एक ही प्रयत्न में जर्मन फौज को निढाल कर दिया।

युद्धाभ्यास समाप्त हो चुका था। नेताजी अपने सैनिकों की वीरता देखकर फूले नहीं समाए। सभी जर्मन अफसरों ने नेताजी के ऊपर बधाइयों की वर्षा की। डॉ. वॉल्टर हारबिच जर्मन फौज के कैप्टन थे और आजाद हिंद फौज के प्रशिक्षकों में वे भी एक थे। आजाद हिंद फौज की वीरता देखकर वे कह उठे, ''नेताजी! आपने अपनी फौज की वीरता अभी देखी। यह वही फौज है, जो अफ्रीका के मोरचे पर हमारी सेना द्वारा बंदी बना ली गई थी। आज उसी फौज ने हमारी सेना को बंदी बनाने में सफलता प्राप्त की है। इन लोगों में यह प्राण-चेतना आपके व्यक्तित्व के जादू से ही भरी गई है।''

इस बधाई के लिए डॉ. वॉलटर हारबिच को धन्यवाद देते हुए नेताजी ने इसे उन्हीं के प्रशिक्षण का परिणाम बताया।

□

आजाद हिंद फौज का पहला शहीद

अभ्यास-युद्ध के अंतर्गत आजाद हिंद फौज के एक सैनिक श्याम बहादुर थापा को काफी सर्दी लग गई और बहुत उपचार करने पर भी बीमारी पर नियंत्रण नहीं पाया जा सका। उसे भयंकर रूप से निमोनिया हो गया था। श्याम बहादुर थापा को यह आभास हो गया कि वह बच नहीं सकेगा। उसने एक सुबह अपना उपचार करनेवाले डॉक्टर से कहा, ''डॉक्टर साहब! आपने रुचि लेकर मेरा उपचार किया, पर भगवान् के घर से मेरा बुलावा आ गया है। मृत्यु-पूर्व आप यदि नेताजी के दर्शन करा दें तो आपका बड़ा उपकार होगा।''

डॉक्टर ने श्याम बहादुर थापा को दिलासा दी, साथ ही फौजी मुख्यालय द्वारा वायरलेस संदेश भी नेताजी के पास भिजवा दिया कि आपका एक मरणासन्न सैनिक अपने अंत समय में आपके दर्शन करना चाहता है। समाचार मिलते ही नेताजी कोइनिंग्सब्रुक के सैनिक अस्पताल जाकर श्याम बहादुर थापा की रोग-शय्या तक पहुँच गए। थापा ने नेताजी को आया देख उठकर उनको फौजी सलाम करना चाहा; पर वह लड़खड़ाकर गिरने लगा। लपककर नेताजी ने उसे अपने हाथों का सहारा दिया; उसका सिर अपनी गोदी में लेकर बैठ गए और उसे दिलासा दी, ''श्याम बहादुर! तुम जल्दी ही अच्छे हो जाओगे। यदि तुम्हें कुछ चाहिए तो बताओ।''

श्याम बहादुर ने डूबते हुए स्वर में उत्तर दिया, ''मैं बच नहीं सकूँगा। मैं तो अपनी अंतिम साँसें ले रहा हूँ। आपके दर्शन चाहिए थे, वे मुझे मिल गए। आपकी गोद में प्राण त्यागने से बढ़कर और कौन सा भाग्य होगा! मुझे खेद है कि मैं आजाद भारत-भूमि को नहीं देख सका।''

इतना कहने के साथ ही श्याम बहादुर ने अपनी बची-खुची शक्ति एकत्रित कर जोर से 'जय हिंद' पुकारा और उसके प्राण-पखेरू उड़ गए।

नेताजी की आँखों में आँसू आ गए। उन्होंने कहा, ''तुम मरे नहीं हो, श्याम बहादुर! तुम हमेशा के लिए अमर हो गए हो।''

पूरे फौजी सम्मान के साथ श्याम बहादुर थापा के शव का अंतिम संस्कार किया गया। शोक-परेड में नेताजी सम्मिलित हुए।

उपस्थित सभी फौजियों ने श्याम बहादुर थापा के भाग्य की सराहना की।

नेताजी सुभाष का यह स्वभाव था कि वे भले ही बड़े आदमियों और नेताओं को उतना सम्मान न दें, पर अपनी फौज के सिपाहियों और कर्मियों को बराबर सम्मान देते थे। उनका भोजन भी बहुत सादा और अपने सिपाहियों जैसा ही होता था। चाहे उनके अफसर कर्नल, जनरल या सिपाही हों, वे सबके साथ बैठकर बहुधा खिचड़ी खाते देखे गए। उन्हें खिचड़ी खाने में बहुत आनंद आता था।

नेताजी को अच्छा भोजन बनाना भी आता था। आई.सी.एस. त्यागने के पश्चात् वे अकसर यह कहा करते थे कि यदि मुझे कोई नौकरी नहीं मिली तो मैं किसी का रसोइया बनकर अपना काम चला लूँगा।

जिन दिनों सुभाष मध्य प्रदेश की सिवनी (जिला) जेल में थे उन दिनों उनके साथ उनके बड़े भाई शरत्चंद्र बोस भी थे। भोजन बनाने के लिए उन्हें एक कोठरी दी गई थी, जिसमें स्वयं सुभाष भोजन बनाकर अपने बड़े भाई को खिलाते थे और उन्हें पंखा झलते जाते थे।

पत्थर की वह बेंच बड़ी प्रेरणादायी थी, जिसपर सुभाष रात्रि-विश्राम करते थे और सिरहाने के लिए कोई पत्थर या ईंट रख लेते थे। सुभाष ने अपने जीवन में जितने कष्ट सहे हैं उतने कदाचित् किसी भारतीय नेता ने नहीं सहे।

□

प्रेम-प्रसंग

नेताजी सुभाष को चाहनेवाले भी बहुत थे और उनके शत्रु भी बहुत थे। उनकी सबसे बड़ी शत्रु थी—ब्रिटिश हुकूमत, जो हर समय उनकी जान लेने की योजनाएँ बनाती रहती थी। जर्मनी में नेताजी ने 'आजाद हिंद रेडियो' स्थापित कर लिया था और उसके माध्यम से ब्रिटिश हुकूमत को यह सूचना दे दी थी कि मैंने जर्मनी में ब्रिटिश साम्राज्य की कमर तोड़ने के लिए आजाद हिंद फौज गठित कर ली है। अंग्रेज भला कब पीछे रहनेवाले थे! उन्होंने एक जासूस लड़की नेताजी के पीछे लगा दी। इस अंग्रेज लड़की ने रहने के लिए किराए का एक कमरा उसी स्थान पर लिया, जहाँ नेताजी का निवास था। वह इस ताक में रहती थी कि अवसर पाकर नेताजी के मकान पर बम का संधान किया जाय और वे मकान के मलबे के नीचे दबकर अपनी जान गँवा बैठें। एक दिन प्रातःकाल उसे ऐसा अवसर मिल ही गया।

ठीक उसी समय नेताजी की प्राइवेट सेक्रेटरी फ्राउलीन एमाइल शैंकाल नेताजी से मिलने उनके निवास-स्थान पर पहुँची और मुख्य द्वार पर लगी बिजली की घंटी बजाई। नेताजी इतने शिष्टाचार-प्रिय थे कि मकान से निकलकर फाटक खोलने वे स्वयं आए। उनका फाटक पर पहुँचना था कि अंग्रेज जासूस लड़की ने मकान पर शक्तिशाली बम का संधान कर दिया। देखते-ही-देखते वह भवन मलबे के ढेर में परिणत हो गया; पर नेताजी की जान बच गई। नेताजी ने अपनी निजी सचिव से कहा, "केवल तुम्हारे कारण मेरी जान बची है। तुमने मुझपर बहुत बड़ा उपकार किया है। मैं तुम्हारा यह उपकार जीवन भर याद रखूँगा।"

उनकी निजी सचिव का उत्तर था, "मैं बहुत सौभाग्यशालिनी हूँ, जो मुझे यह श्रेय मिल गया, अन्यथा मैं तो एक बहुत सामान्य महिला हूँ।"

नेताजी ने मुसकराकर एमाइल के कथन के एक शब्द की ओर उनका ध्यान

आकर्षित किया, ''हमारे देश में 'सौभाग्य' का उल्लेख एक खास अर्थ में किया जाता है। कुमारी लड़कियाँ शादी के पश्चात् ही सौभाग्यशालिनी या सौभाग्यवती होती हैं!''

यह सुनकर एमाइल थोड़ा लजा गईं; उन्होंने अपनी दृष्टि नीची कर ली और बोलीं, ''नेताजी! अगर मेरे मन में यही भाव रहा तो, आपकी क्या प्रतिक्रिया होगी?''

नेताजी ने त्वरित उत्तर देते हुए कहा, ''मैं तुम्हारी पसंद की दाद दूँगा; पर इतना अवश्य कहूँगा कि मैं तो देश का एक सिपाही हूँ और मौत मेरे सिर पर मँडराती ही रहती है। तुमने अभी-अभी इसका प्रमाण देख ही लिया है।''

एमाइल का उत्तर था, ''आप जैसे विश्व के श्रेष्ठतम महापुरुष यदि मेरे पति हों तो एक घंटे का सुख भी एक जीवन के सुख से बढ़कर होगा।''

''तो एमाइल, सुनो, मेरी जान बचाकर यह तो तुमने मेरे ऊपर व्यक्तिगत उपकार किया है। वैसे तुमने मेरे देश पर भी उपकार किया है। मैं कहता जाता हूँ और तुम 'हाँ' करती जाओ। अगर कभी झूठ बात कहूँ तो 'हाँ' मत कहना।

''जब मैं अपना इलाज कराने ऑस्ट्रिया के वियना नगर में आया तो तुम मेरी निजी सचिव बनीं या नहीं?''

''हाँ, बनी।''

''मैं भारत की आजादी का इतिहास 'इंडियन स्ट्रगल' नाम से लिखना चाहता था। इस विषय से संबंधित पुस्तकें तुमने पूरे यूरोप के पुस्तकालयों से ला-लाकर मुझे दीं या नहीं?''

''हाँ, मैंने वे पुस्तकें आपको दीं।''

''उन पुस्तकों के कुछ अध्याय मैंने तुम्हें दिखाए और कहा कि ये अध्याय मुझे पढ़कर सुनाओ। बोलो, वे अध्याय तुमने मुझे पढ़कर सुनाए या नहीं?''

''जी हाँ, मैंने वे अध्याय आपको पढ़कर सुनाए।''

''पुस्तकों के अंश सुनकर मैं जब कुछ इबारत बोलता था तो तुमने वह इबारत लिखी या नहीं?''

''जी हाँ, मैंने वह इबारत लिखी।''

''उस इबारत को पुस्तकाकार रूप में टंकित करके तुमने मुझे उसकी तीन प्रतियाँ दीं या नहीं?''

''जी हाँ, मैंने 'इंडियन स्ट्रगल' की तीन टंकित प्रतियाँ आपको दीं।''

''तुम्हें याद होगा, एमाइल, कि अपने पिताजी की गंभीर बीमारी की दशा में

निर्वासन की आज्ञा का उल्लंघन करके भी मैं भारत गया और कराची हवाई अड्डे पर ब्रिटिश अधिकारियों ने वे तीनों टंकित प्रतियाँ मुझसे छीन लीं और फिर कभी नहीं लौटाईं। जब मैं निराश होकर यहाँ वापस आया और तुम्हें अपना दुखड़ा सुनाया तो तुमने चौथी टंकित प्रति मुझे देने का आश्वासन दिया या नहीं?''

''जी हाँ, दिया।''

''और तब तुमने अपने एक क्रांतिकारी कदम का परिचय दिया। तुमने टाइप करते समय एक कार्बन पेपर का उपयोग केवल एक बार ही किया था और प्रयुक्त सारे कार्बन पेपर सुरक्षित रख लिये थे। उन्हीं एक बार के प्रयुक्त कार्बन पेपर की सहायता से तुमने मुझे ग्रंथ की नई टंकित प्रति दी या नहीं?''

''जी हाँ, दी।''

''और अंग्रेजों की आँख बचाकर 'इंडियन स्ट्रगल' का प्रकाशन यूरोप में तुम्हारे सहयोग से हुआ या नहीं?''

''हाँ, मुझे सेवा करने का थोड़ा अवसर मिला; पर पूरा काम तो आपके नाम के प्रभाव ने ही किया।''

''खैर, जो कुछ भी हो, मुझे यह कहने में कोई संकोच नहीं कि 'इंडियन स्ट्रगल' का प्रकाशन तुम्हारे सहयोग के बिना संभव नहीं था। इसीलिए पुस्तक के प्रारंभ में मैंने तुम्हारे प्रति आभार व्यक्त किया है। मेरे और मेरे देश के ऊपर किए गए तमाम उपकारों को देखते हुए मैं तुम्हारे प्रस्ताव के आगे नत हूँ।''

नेताजी सुभाष ने अपना विचार अपने साथियों को बताया। वे सब बहुत हर्षित हुए। यदि विरोध का भाव किसी ने दिखाया तो हर हिटलर ने; पर नेताजी ने हर हिटलर के विरोध की तनिक भी चिंता नहीं की और बर्लिन के न्यायालय में दोनों का शुभ विवाह संपन्न हुआ। भारत की ओर से श्री नांबियार गवाह थे और जर्मनी की ओर से ईवान ट्रॉट। नेताजी ने बंगाली पद्धति से भी अग्नि की प्रदक्षिणा करके भारतीय रीति-रिवाजों का निर्वाह किया।

□

जर्मनी से नेताजी की विदाई

जब जर्मनी में नेताजी की योजनाएँ पूरे जोशोखरोश के साथ चल रही थीं और जब सैनिकों और प्रवासी भारतीयों में उत्साह की तरंगें उठ रही थीं, तभी नेताजी की विदाई का अवसर उपस्थित हो गया। उसे टाला नहीं जा सकता था।' द्वितीय विश्व-युद्ध की घटनाएँ भारत के बिलकुल निकट घटित हो रही थीं, अत: उनसे लाभ उठाया जा सकता था।

उधर दक्षिण-पूर्व एशिया में भारत के महान् क्रांतिकारी रासबिहारी बोस ने जो आजाद हिंद फौज गठित की थी, उसपर जापान हावी हो रहा था और उसको भंग करके उसके कमांडर-इन-चीफ सरदार मोहन सिंह को जापानियों ने जेल में डाल दिया था। रासबिहारी बोस यह महसूस कर रहे थे कि यदि सुभाषचंद्र बोस यहाँ आ जाएँ तो स्थिति को सँभाल सकते हैं। रासबिहारी बोस ने जापान के शासन को इस बात के लिए राजी कर लिया कि नेताजी को पनडुब्बी द्वारा जापान बुलाया जाय। जापानी शासन और जर्मन शासन के बीच संदेशों का आदान-प्रदान भी हुआ; पर जापान ने एक आपत्ति उठा दी कि नेताजी सुभाषचंद्र बोस फौजी आदमी नहीं हैं, इसलिए उन्हें पनडुब्बी में नहीं लाया जा सकता।

इसका उत्तर दिया हर हिटलर ने, ''कौन कहता है कि सुभाषचंद्र बोस फौजी आदमी नहीं! वे जर्मनी में आजाद हिंद फौज के कमांडर-इन-चीफ हैं और फौजी मामलों का ज्ञान उन्हें कई कमांडर-इन-चीफों से भी अधिक है।''

यह उत्तर सुनकर जापान ने श्री बोस को पनडुब्बी से बुलाना स्वीकार कर लिया। व्यवस्था यह हुई कि लगभग आधे रास्ते तक जर्मन पनडुब्बी उन्हें लाएगी और लगभग आधे रास्ते से जापानी पनडुब्बी उन्हें सबांग तक ले जाएगी। नेताजी जर्मनी छोड़ रहे हैं, इसकी सूचना उनके कुछ साथियों को तो थी, पर आजाद हिंद फौज को नहीं थी। नेताजी का निर्देश था कि मेरे जाने के पश्चात् ही उनको बताया

जाय और उन्हें समझाया जाय कि भारत के हित में ही उन्होंने जर्मनी से प्रस्थान किया है। स्वाधीन भारत में हम सब लोग मिलेंगे।

वहाँ से जाने के पूर्व नेताजी भारत की स्वाधीनता की योजनाओं को सुदृढ़ करने के लिए कुछ तैयारियाँ करना चाहते थे। वे जर्मनी के कई उद्योगपतियों से मिले। एक उद्योगपति से मिलकर उन्होंने उसे इस बात के लिए राजी किया कि वह स्वाधीन भारत में उच्च कोटि के हथियारों का कारखाना स्थापित करे। एक अन्य उद्योगपति से मिलकर स्वाधीन भारत में नोट छापने की कला का विकास करने के लिए उसे राजी किया। स्वाधीन भारत के लिए उन्होंने डाक-टिकट के कुछ नमूने भी तैयार किए।

जर्मनी से विदा होने के पूर्व एक ही बात शेष रह गई थी और वह थी अपनी पत्नी एमाइल तथा दो महीने की पुत्री अनीता बोस से विदा लेना। श्रीमती एमाइल बोस ने अपने पति सुभाषचंद्र बोस को भारत की आजादी के लिए हँसते-हँसते विदा किया और भारतीय नारियों की उस परंपरा को चरितार्थ कर दिखाया, जब भारतीय नारियाँ अपने पतियों को मंगल तिलक लगाकर उन्हें युद्ध के लिए विदा करती थीं।

□

अलविदा जर्मनी!

जर्मनी की भूमि को अंतिम नमस्कार करके नेताजी अपने एकमात्र साथी आबिद हसन सफरानी के साथ ८ फरवरी, १९४३ को जर्मनी के कील बंदरगाह से जर्मन पनडुब्बी में सवार होकर जापान के लिए प्रस्थित हो गए। उन्हें समुद्र के अंदर पनडुब्बी में ही तीन महीने से अधिक समय बिताना था; अतः इस यात्रा के लिए वे पूरी तैयारी करके निकले थे।

जर्मन पनडुब्बी समुद्र के गर्भ को चीरती हुई आगे बढ़ रही थी। अपनी पुस्तक बंद करते हुए नेताजी ने आबिद हसन की ओर देखा, जो किसी पुस्तक के पृष्ठों में खोए हुए थे। उन्होंने आबिद से पूछा, "आबिद! यह कौन सी पुस्तक पढ़ रहे हो?"

"यह यूनानी भाषा सिखानेवाली पुस्तक है, नेताजी। इसे पढ़कर मैं यूनानी भाषा का थोड़ा-बहुत ज्ञान प्राप्त करना चाहता हूँ।"

"तुम यूनानी भाषा किस उद्देश्य से सीखना चाहते हो?"

"नेताजी! बात यह है कि जब तक हम लोगों की पनडुब्बी यूनान पहुँचे, मैं चाहता हूँ कि इस भाषा का इतना ज्ञान प्राप्त कर लूँ कि यूनानियों की बातों को समझ सकूँ।"

आबिद हसन के इस उत्तर को सुन नेताजी जोर से हँसे। उन्होंने फिर पूछा, "आबिद! क्या तुम्हें ठीक तरह से मालूम है कि हम लोग यूनान जा रहे हैं?"

"नहीं नेताजी! मुझे मालूम तो नहीं है और चलने के पहले मुझे कुछ पूछना भी नहीं चाहिए था; क्योंकि युद्ध के दिनों में रहस्य गोपनीय रखे जाते हैं। मैंने तो केवल अनुमान ही लगाया था।"

"अच्छा आबिद! मैं अब तुम्हें बताए देता हूँ। हम लोग सबांग होते हुए जापान जा रहे हैं। फिर वहाँ से सिंगापुर जाएँगे। हम सिंगापुर, मलाया और बर्मा

को अपनी आजादी की लड़ाई का आधार बनाना चाहते हैं।''

आबिद हसन को जब नेताजी की योजना के विषय में मालूम हुआ तो उन्हें आश्चर्य इस बात का हुआ कि नेताजी ने कितने गोपनीय ढंग से इतनी बड़ी तैयारी कर डाली है। उनके मन में कुछ शंकाएँ चक्कर काटने लगीं और जब रहा नहीं गया तो आबिद हसन पूछ ही बैठे, ''नेताजी! मैं समझता हूँ कि इतनी लंबी यात्रा में हम लोगों को तीन महीने से ऊपर का समय लग जाएगा। इतने लंबे समय तक यदि जर्मनी में आपकी किसी गतिविधि का समाचार शत्रु को नहीं मिला तो क्या आपकी ओर से उसे कुछ शक करने का अवसर नहीं मिलेगा?''

नेताजी ने आबिद हसन की शंका का निराकरण करते हुए कहा, ''मेरी इतनी लंबी चुप्पी पर शत्रु का मुझपर संदेह करना स्वाभाविक ही है; पर मैंने इसका इंतजाम कर दिया है। मैंने अपने भाषणों के कुछ टेप रिकॉर्ड तैयार करके नांबियार को दे दिए हैं। जरूरत पड़ने पर थोड़े-थोड़े समय के अंतराल से उनका उपयोग किया जाता रहेगा। यह शत्रु को मुगालता देने के लिए काफी है।''

नेताजी के उर्वर मस्तिष्क की यह योजना जानकर आबिद हसन को बहुत आश्चर्य हुआ। उनकी जिज्ञासा अब अगले पड़ाव पर थी।

''अच्छा नेताजी! यह तो ठीक है कि भाषणों के टेप से शत्रु और अपनी आजाद हिंद फौज का समाधान होता रहेगा, पर आपकी अनुपस्थिति के लंबे अंतराल में आजाद हिंद फौज करेगी क्या?''

नेताजी ने कहा, ''कार्यक्रम की रूपरेखा तैयार करके मैं नांबियार को दे आया हूँ। आजाद हिंद फौज को पुर्तगाल के समुद्र-तट पर तट-रक्षण का प्रशिक्षण दिया जाएगा। तुम्हें मालूम है कि समुद्र-तट की रक्षा-व्यवस्था से अनभिज्ञ होने के कारण ही हमें ये दिन देखने पड़े। अंग्रेज लोग तो हमें प्रशिक्षण देने से रहे। इसलिए क्यों न इस अवसर का लाभ उठाकर हम अपनी सेना को तट-रक्षण के कार्य में प्रशिक्षित कर दें। यह प्रशिक्षित सेना स्वाधीन भारत की भावी सेना को प्रशिक्षित कर सकेगी।''

आबिद हसन नेताजी की दूरदर्शिता देख-देखकर हैरान थे। वे सोच रहे थे कि नेताजी के उर्वर मस्तिष्क में एक लड़ाकू कमांडर-इन-चीफ और एक सफल शासक के सभी गुण कूट-कूटकर भरे हुए हैं। इनका मस्तिष्क एक चालू कारखाना है, जिसमें कई योजनाएँ एक साथ ढलती रहती हैं।

दिन, सप्ताह और महीने निकल गए। नेताजी सुभाष और आबिद हसन पनडुब्बी में यात्रा करते रहे। दक्षिण-पूर्व एशिया में क्या-क्या करना है, इसकी

योजना नेताजी बनाते जा रहे थे और उसका प्रारूप वे आबिद हसन से लिखाते जा रहे थे। इसी प्रकार का कोई प्रारूप वे बोल रहे थे और आबिद हसन उसे लिख रहे थे कि पनडुब्बी समुद्र की सतह के ऊपर पहुँच गई। उसी स्थान पर एक अंग्रेजी लड़ाकू जहाज पहरा दे रहा था। पनडुब्बी जहाज के इतने निकट प्रकट हो गई कि जहाज की तोप से उसपर गोले नहीं दागे जा सकते थे। जहाज के कप्तान ने सोचा कि पनडुब्बी को जोर की टक्कर मारकर उसे चकनाचूर कर दिया जाय। जहाज पूरी रफ्तार से पनडुब्बी पर झपट पड़ा और उसने टक्कर मारी भी; पर इतने में ही पनडुब्बी के कप्तान ने चालकों को आदेश दिया, ''डुबकी लगाओ! डुबकी लगाओ!'' जर्मन भाषा जानने के कारण नेताजी को खतरा समझ में आ गया। जहाज की टक्कर इतनी हलकी थी कि पनडुब्बी के पिछले भाग में मामूली सी ही हानि हुई पनडुब्बी सुरक्षित बच गई।

जिस समय ब्रिटिश जहाज ने पनडुब्बी में टक्कर मारी उस समय नेताजी आबिद हसन को कुछ लिखा रहे थे। आबिद हसन का बुरा हाल था। भय के मारे उनके होंठ सूख रहे थे और कुछ भी लिख नहीं पा रहे थे।

नेताजी ने उन्हें टोका, ''आबिद! मैं दो बार बोल चुका हूँ, पर तुमने कुछ लिखा नहीं है।''

आबिद का उत्तर था, ''नेताजी! मैं आप जैसा साहस कहाँ से लाऊँ?''

आसन्न संकट की घड़ी टल चुकी थी। पनडुब्बी अपने गंतव्य की ओर बढ़ती चली जा रही थी। पनडुब्बी की यह यात्रा अत्यंत संकटपूर्ण थी। ग्रेट-ब्रिटेन ने स्थान-स्थान पर समुद्री सुरंगें बिछा रखी थीं, जो किसी भी पनडुब्बी या जहाज को नष्ट कर सकती थीं। वैसे भी उनके जहाज और वायुयान समुद्र पर पहरा देते रहते थे। इन सब संकटों का सामना करते हुए भी नेताजी ग्रेट-ब्रिटेन अधिकृत समुद्र को अपना रास्ता बनाते हुए भारत की आजादी की मंजिल की ओर बढ़े चले जा रहे थे। जर्मन पनडुब्बी को अपने मार्ग से काफी आगे एक और पनडुब्बी दिखाई दी। संदेह हुआ कि कहीं यह शत्रु की पनडुब्बी तो नहीं है। यही संदेह दूसरी पनडुब्बी को भी हुआ। आक्रमण और लड़ाई के अतिरिक्त कोई दूसरा चारा नहीं था। यह स्थिति आते-आते टल गई। दोनों पनडुब्बियों द्वारा कुछ संकेत किए जा रहे थे। इन संकेतों के आधार पर यह समझ में आ गया कि दूसरी पनडुब्बी जापान की है और वह नेताजी को लेने वहाँ पहुँची है।

समुद्र में भयंकर तूफान उठ रहा था। ऐसी स्थिति में यात्रियों का आदान-प्रदान संभव नहीं था; पर अधिक समय तक वहाँ रुका भी नहीं जा सकता था।

किया यह गया कि दोनों पनडुब्बियों को पास-पास लाया गया और एक मोटा रस्सा उनके मस्तूलों से बाँधा गया। इस रस्से के सहारे नेताजी और आबिद हसन को अपना सामान पीठ पर लादे हुए जर्मन पनडुब्बी से जापानी पनडुब्बी में जाना था। यह युक्ति बहुत खतरनाक थी। यदि रस्सा तना हुआ होता तो उससे लटककर जाना कठिन न था। पर तूफान के कारण पनडुब्बियाँ झूल रही थीं और रस्सा भी हिल रहा था। ऐसी स्थिति में ही अपना-अपना माल-असबाब पीठ पर लादकर नेताजी और आबिद हसन को रस्से से लटक-लटककर आगे सरकना पड़ रहा था। दोनों के वजन से रस्सा काफी झुक-झुक जाता था और कभी तूफानी थपेड़े भी उनको धक्के मारकर आगे निकल जाते थे। यदि किसी के हाथ से रस्सा छूटता तो वह सीधा समुद्री शार्कों के मुँह में जाता। इन दोनों को लटके हुए देखकर समुद्री शार्क ललचाई हुई दृष्टि से नीचे चक्कर काट रही थी। मुश्किल तो बहुत आई, पर रास्ता पार हो ही गया। रस्से से लटककर आगे बढ़ते हुए नेताजी और आबिद हसन जापान की पनडुब्बी में सकुशल पहुँच गए।

जापान की पनडुब्बी नेताजी को लेकर ६ मई, १९४३ को सुमात्रा द्वीप के बंदरगाह सबांग पहुँच गई। वहाँ उनके स्वागत के लिए कर्नल यामामोटो और कुछ अन्य फौजी अधिकारी उपस्थित थे। वायुयान से वे उन्हें जापान की राजधानी टोकियो ले गए। उन्हें जापान के शानदार 'इंपीरियल' होटल में ठहराया गया।

जापान के प्रधानमंत्री जनरल तोजो से भेंट होने में कुछ विलंब हो गया, पर नेताजी ने इसका बुरा नहीं माना, क्योंकि उन्हें ज्ञात था कि जासूसों के द्वारा कुछ मालूमात की जाती है और पूर्ण विश्वास होने पर ही भेंट संभव होती है।

आखिर १० जून, १९४३ को नेताजी सुभाषचंद्र बोस की भेंट जापान के प्रधानमंत्री जनरल तोजो से हुई। नेताजी को अपनी सम्मोहन-शक्ति पर विश्वास था। वे जानते थे कि जनरल तोजो उनसे मिलने में भले ही देर करें, पर एक बार मिलने पर वे हमेशा के लिए उनके होकर रह जाएँगे—और हुआ भी यही।

जनरल तोजो से भेंट होने पर नेताजी ने उनसे कोई शिकायत नहीं की। उत्कृष्ट शिष्टाचार का पालन करते हुए उन्होंने जनरल तोजो से उनकी कुशल-क्षेम पूछी और अपनी यात्रा के सुप्रबंध के लिए उनके प्रति आभार व्यक्त किया। धीरे-धीरे नेताजी के व्यक्तित्व का जादू जनरल तोजो पर चढ़ने लगा। सच्चाई और ईमानदारी की गहराइयों से निकली हुई उनकी मुसकान ने प्रधानमंत्री जनरल तोजो के हथियार डलवा लिये। इन दो महान् हस्तियों की प्रथम भेंट का विवरण एक जापानी लेखक टी. हयाशीदा ने अपनी पुस्तक 'नेताजी सुभाषचंद्र बोस' में

इस प्रकार लिखा है—

'बोस से भेंट होते ही तोजो के मन का पक्षपात एकदम तिरोहित हो गया। बृहत्तर पूर्व एशिया के युद्ध का सुयोग्य नेता होने के कारण उन्होंने स्वयं को बड़े प्रशंसनीय ढंग से प्रस्तुत किया; परंतु जिस ढंग से अपनी बातचीत और व्यवहार के माध्यम से सुभाषचंद्र बोस ने स्वयं को प्रस्तुत किया वह और भी अधिक प्रशंसनीय था। अपने व्यक्तित्व और शिष्टाचार के कारण बोस तोजो पर छा गए। अपनी जिस ईमानदारी और जिस चतुराई के साथ उन्होंने अपने मत को व्यक्त किया, उसने तोजो का हृदय छू लिया। बोस के व्यक्तित्व से तोजो अत्यंत प्रभावित हुए और भारतवर्ष तथा समस्त भारतीयों के प्रति उनका हृदय एकदम परिवर्तित हो गया। उन्होंने सुभाषचंद्र बोस को दुबारा आने का निमंत्रण भी दे दिया।'

यह था नेताजी के जादू का प्रभाव, जो जनरल तोजो के सिर पर चढ़कर बोला। अपने राज्य और व्यक्तिगत पेचीदा मामलों को सुलझाने के लिए भी जापान के प्रधानमंत्री ने नेताजी सुभाषचंद्र बोस से परामर्श लेना प्रारंभ कर दिया।

नेताजी का हृदय भारत के निकट पहुँचने के लिए छटपटा रहा था। सिंगापुर उनकी प्रतीक्षा कर रहा था। उनको सिंगापुर ले जाने के लिए भारत के प्रसिद्ध क्रांतिकारी रासबिहारी बोस टोकियो पहुँच गए थे। सिंगापुर से विदा होते हुए श्री रासबिहारी ने सिंगापुर के अपने साथियों से कहा था, 'मैं आप लोगों के लिए टोकियो से एक बहुमूल्य उपहार लाने जा रहा हूँ और २ जुलाई को वह उपहार ले आऊँगा।' क्या उपहार होगा, इसका उन्होंने खुलासा नहीं किया था।

रासबिहारी बोस ने अपने साथियों को दिया हुआ वचन पूरा किया। २ जुलाई, १९४३ को वे अमूल्य उपहार लेकर सिंगापुर पहुँच गए। वह अमूल्य उपहार था—सुभाषचंद्र बोस। नेताजी के सिंगापुर पहुँचने का समाचार गोपनीय रखा गया था। अधिकांश नागरिकों और फौजी अधिकारियों को स्वागत के लिए नागरिक विमान-स्थल पर भेजा गया था; पर फौजी विमान-स्थल पर कुछ इने-गिने नागरिकों और फौजी अधिकारियों को ही भेजा गया था। शत्रु-पक्ष नेताजी की गतिविधियों के प्रति सदैव सजग रहता था। सभी लोग उत्कंठित हृदय से विमान के आगमन की प्रतीक्षा कर रहे थे।

प्रतीक्षा की घड़ियाँ समाप्त हुईं। मध्याह्न के ११ बजकर ५५ मिनट पर नेताजी का विमान सिंगापुर के नागरिक विमान-स्थल पर उतर गया। सभी लोग साँसें रोककर विमान का द्वार खुलने की प्रतीक्षा कर रहे थे। उनके दिलों की धड़कनें बढ़ गई थीं। उन्हें एक-एक क्षण एक-एक युग के समान लग रहा था। आखिर विमान का द्वार खुला और सबसे पहले नेताजी प्रकट हुए। उनके बिलकुल निकट

उनके निजी सचिव आबिद हसन थे। नेताजी सीढ़ियों से नीचे उतर रहे थे। आबिद हसन के पीछे थे श्री रासबिहारी बोस, जापान के कर्नल यामामोटो और जन-संपर्क अधिकारी मि. सैंडा क्रमशः पीछे थे।

सीढ़ियों से नीचे उतरते ही नेताजी फौजी अधिकारियों की ओर बढ़े। सबसे पहले उनका स्वागत किया श्री एस.ए. अय्यर ने, जो भारत से ही उनसे अच्छी तरह परिचित थे। उसके पश्चात् अन्य फौजी अधिकारियों से नेताजी बड़ी आत्मीयता से मिले, प्रत्येक से कुछ-न-कुछ बात की और कुशल-क्षेम पूछी। प्रथम परिचय में ही उन्होंने फौजी अधिकारियों का दिल जीत लिया।

नागरिक विमान-स्थल से नेताजी को फौजी विमान-स्थल तक ले जाया गया, जहाँ अन्य फौजी अधिकारी, जापान के सैनिक अधिकारी और प्रमुख नागरिक प्रतीक्षारत थे। जैसें ही नेताजी वहाँ पहुँचे, 'इनकलाब जिंदाबाद!', 'आजाद हिंद जिंदाबाद!' के नारों से आकाश गूँज उठा। सभी से नेताजी का परिचय कराया गया। अपनी आत्मीयता के स्पर्श से उन्होंने सभी को अपना बना लिया। लोगों को ऐसा लगा कि उन्हें ऐसा नेता मिल गया है, जिसकी उन्हें तलाश थी।

परिचय के पश्चात् नेताजी को फौजी सलामी दी गई। कर्नल जगन्नाथ राव भोंसले ने नेताजी को आजाद हिंद फौज का निरीक्षण करवाया।

इधर मिलन और परिचय का क्रम चल ही रहा था कि उधर नेताजी के आगमन का समाचार पूरे नगर में दावाग्नि की तरह फैल गया। जिसने भी सुना, वह प्रमुख विमान-स्थल की ओर भागता दिखाई दिया। देखते-ही-देखते अपार भीड़ ने विमान-स्थल को घेर लिया। नेताजी की एक झलक पाने के लिए जितने अधीर भारतीय हो रहे थे उतने ही अधीर चीनी, जापानी और मलायावासी भी हो रहे थे। आगे बढ़ने की प्रक्रिया में लोगों के कंधे से कंधे रगड़ रहे थे और धक्का-मुक्की हो रही थी। निवास-स्थान पर ले जाने के लिए जिस खुली कार में नेताजी को बैठाने के लिए ले जाया गया, उसमें वे खड़े हो गए और दोनों हाथ जोड़कर लोगों का अभिवादन करते रहे। उत्तर में हजारों हाथ अभिवादन में उठ रहे थे और सहस्रों कंठों से 'नेताजी की जय' के नारे फूट रहे थे। चीनी, जापानी और मलेशियन लोग 'नेताजी जिंदाबाद' का अर्थ भी नहीं जानते थे, फिर भी वे भारतीयों के स्वर में स्वर मिलाकर उछल-उछलकर 'नेताजी जिंदाबाद' बोले जा रहे थे। बड़ी मुश्किल से रास्ता बनाया गया और नेताजी को उनके निवास-स्थान पर पहुँचाया गया। नेताजी के दर्शन पाकर लोगों की आत्मा तृप्त हो गई।

□

सत्ता का हस्तांतरण

अभी तक लोगों ने नेताजी के दर्शन ही किए थे। उनकी पीयूष वाणी सुनने का अवसर उनको ४ जुलाई, १९४३ को मिला, जब सिंगापुर के 'कैथे' भवन में हजारों लोगों के समक्ष आजाद हिंद संघ के अध्यक्ष की बागडोर नेताजी के सबल हाथों में थमा दी गई।

स्वाधीनता संग्राम के महान् नेता रासबिहारी बोस उठ खड़े हुए। वाणी के माध्यम से उनके हृदय का ओज मुखरित हो उठा—

''मित्रो और मेरे सैनिक साथियो!

''आप लोग मुझसे पूछेंगे कि टोकियो से मैं आपके लिए क्या उपहार लाया हूँ? (नेताजी की ओर संकेत करते हुए) मित्रो! मैं नेताजी सुभाषचंद्र बोस को ही आप लोगों के लिए उपहार के रूप में लाया हूँ (तालियों की गड़गड़ाहट)। भारतवर्ष को या दुनिया को सुभाषचंद्र बोस का परिचय देने की आवश्यकता नहीं है। वे एक शक्तिशाली नेता और अप्रतिम योद्धा हैं। वे एक आदर्श और अनुकरणीय युवक के सभी गुणों से विभूषित हैं। आप लोगों की उपस्थिति में मैं आज अपने पद का त्याग करता हूँ और देश-सेवक श्रीयुत सुभाषचंद्र बोस को आजाद हिंद संघ के अध्यक्ष पद के लिए प्रस्तावित करता हूँ।'' श्री रासबिहारी बोस के प्रस्ताव के समर्थन में हजारों हाथों से निकली हुई तालियों की गड़गड़ाहट बहुत देर तक सभाभवन में गूँजती रही।

अब नेताजी उठ खड़े हुए। हृदय में आत्मविश्वास और मुख पर अलौकिक तेज धारण किए हुए उन्होंने सिंह जैसी चितवन से सभा की ओर देखा तथा अधरों के संपुट खोलकर अमृत-वर्षा प्रारंभ की—

''श्री रासबिहारी बोस! पूर्व एशिया के युद्ध प्रतिनिधियो! भाइयो एवं बहनो!

''पूर्व एशिया के आजाद हिंद संघ के अध्यक्ष पद पर आप सबने मुझे

निर्वाचित किया है, इस कृपा के लिए मैं आप सबको धन्यवाद देता हूँ। मेरे कंधों पर यह उत्तरदायित्व डालकर जो सम्मान आप लोगों ने मुझे दिया है, मैं उसके अनुरूप और आप लोगों की इच्छानुसार कार्य करता रहूँगा।

''मेरी निष्ठा केवल भारतवर्ष के लिए रहेगी। मैं भारत-भूमि के लिए जिऊँगा और उसी के लिए मरूँगा। दुनिया में ऐसी कोई ताकत नहीं, जो सत्य के पथ से मुझे विचलित कर सके।

''हम लोग अपनी आजादी की कीमत अपने खून से चुकाएँगे और ऐसा करके हम राष्ट्रीय एकता की आधारशिला रखेंगे। यदि हम अपने बलिदानों और खून से आजादी अर्जित करेंगे तो उसकी रक्षा भी कर सकेंगे।

''हमारा शत्रु दृढ़ और सबल ही नहीं, वह निर्दयी और अत्याचारी भी है। उसके साथ हमें कठिन और भयंकर युद्ध करना पड़ेगा। आप लोगों को अगणित कष्टों का सामना करना पड़ेगा और अप्रत्याशित खतरों से गुजरना पड़ेगा। और यदि आप इस परीक्षा में डटे रहे तो आजादी प्राप्त कर लेंगे और हमारे दलित तथा निर्धन देश को समृद्धि के पथ पर खड़ा कर सकेंगे।

''इनकलाब जिंदाबाद! आजाद हिंद जिंदाबाद!''

□

बहादुरशाह जफर की समाधि पर

नेताजी का प्रत्येक दिन कोई-न-कोई महत्त्वपूर्ण कार्य करते हुए बीत रहा था। इस क्रम में उन्होंने—

१. जापान के प्रधानमंत्री जनरल तोजो को आमंत्रित कर उनके द्वारा आजाद हिंद फौज का निरीक्षण कराया। जनरल तोजो ने आजाद हिंद फौज और नेताजी के व्यक्तित्व एवं नेतृत्व की भूरि-भूरि प्रशंसा की।

२. उन्होंने आजाद हिंद फौज की विधिवत् कमान सँभाल ली और उसे उन्नति के पथ पर अग्रसर करना प्रारंभ कर दिया।

३. समग्र युद्ध के लिए समग्र त्याग का महत्त्व समझकर धन-संग्रह का कार्य प्रारंभ कर दिया।

४. स्वाधीन बर्मा के स्वतंत्रता समारोह में सम्मिलित होकर सभी को प्रेरणा प्रदान की।

इस बीच नेताजी ने एक पुनीत कार्य के दायित्व का भी निर्वहण किया और वह था भारत के अंतिम मुगल सम्राट् बहादुरशाह जफर की समाधि पर जाकर अपनी श्रद्धा समर्पित करना।

२६ सितंबर, १९४३ की शाम को नेताजी अपने फौजी अधिकारियों के साथ अपने देश के अंतिम सम्राट् की स्मृति को श्रद्धा-सुमन अर्पित करने पहुँचे। वातावरण गंभीर था। प्रत्येक व्यक्ति के हाथों में फूल थे। सबसे पहले एक बूढ़े मुसलमान ने खड़े होकर कुरान शरीफ की आयतें पढ़ीं और फिर बहादुरशाह जफर की तुरबत पर फूल बिखेर दिए।

अब नेताजी समाधि पर पहुँचे। वे नंगे सिर, नंगे पाँव मकबरे के अंदर दाखिल हुए। उनकी बाँह पर शोक-सूचक काली पट्टी बँधी हुई थी। कब्र के पास पहुँचकर वे रुक गए और एकटक उसकी ओर देखने लगे। वातावरण शांत और

गंभीर था। धूपबत्तियों से निकला हुआ धुआँ एक विचित्र प्रकार के वातावरण की सृष्टि कर रहा था। खिले हुए उदास फूलों की खुशबू महक रही थी।

नेताजी कुछ देर तक खड़े ही रहे। वे निर्निमेष दृष्टि से उस समाधि की ओर देखे जा रहे थे। सहसा उनकी आँखों में संकल्प की चमक दिखाई दी। हाथों के फूल उन्होंने समाधि पर बिखेर दिए और उनकी मुट्ठियाँ कस गईं। उनके मुँह से शब्द निकल पड़े, "हम तुम्हारा बदला चुकाएँगे। हम भूले नहीं हैं दिल्ली के वे लाल दिन। हम अपना वज्र संकल्प भारत की आजादी के लिए लड़नेवाले योद्धा के अंतिम पार्थिव अवशेषों के सामने दोहरा रहे हैं, जो आदमियों में बादशाह और बादशाहों में आदमी था। हमें सम्राट् बहादुरशाह का यह शेर याद रखना होगा—

'गाजियों में बू रहेगी जब तलक ईमान की,
तख्ते-लंदन तक चलेगी तेग हिंदुस्थान की।'

बहादुरशाह की समाधि जर्जर अवस्था में थी। उसको सुधारने के लिए कुछ राशि देने में बर्मा के राष्ट्रपति का अपमान होता। बड़ी अच्छी युक्ति से उन्होंने यह काम पूरा किया। उन्होंने कहा, "योर एक्सीलेंसी! हम लोगों में यह प्रथा है कि हम पवित्र स्थानों में पहुँचकर कुछ नजराना भेंट करते हैं। भारत की आजादी के लिए लड़नेवाले इस योद्धा के सम्मान में हम अपनी निष्ठा और अपने स्नेह के प्रतीक के रूप में दो लाख पचास हजार रुपयों की यह अकिंचन राशि नजराने के रूप में आपको समर्पित कर रहे हैं, जो हमारे मित्र राष्ट्र बर्मा के प्रति भी स्नेह और सम्मान के प्रतीक के रूप में है। आप जिस प्रकार चाहें, इस निधि का उपयोग करें।"

नेताजी द्वारा श्रद्धा-निधि समर्पित करने के पश्चात् बर्मा के प्रतिष्ठित नागरिक अब्दुल रज्जाक साहब का संक्षिप्त भाषण हुआ। उन्होंने कहा, "चौदहवीं सदी की जिस कयामत की ओर हमारे पैगंबर ने इशारा किया है, वह कयामत आज आ गई है। कब्रों से घायल मुरदे उठ खड़े होने वाले हैं और वे सब इनसानियत की दुश्मन नौकरशाही से गुनाहों का लेखा-जोखा तलब करेंगे।

"हम रोज पश्चिम की ओर मुँह करके इबादत करते हैं। पश्चिम की ओर मक्का शरीफ है। पर रसूल पर ईमान रखनेवालो! मैं तुम्हें याद दिलाना चाहता हूँ कि हर हिंदुस्तानी मुसलमान के लिए आज मक्के की पहली मंजिल दिल्ली है। ईमान की पहली मंजिल आजादी है। हम अपने आखिरी बादशाह की कब्र के सामने कसम खाकर कहते हैं कि हम दिल्ली चलेंगे! हम दिल्ली चलेंगे!"

और उपस्थित जन-समुदाय की ओर से भी एक आवाज उठी, एक नारा उठा—"हम दिल्ली चलेंगे!" □

अस्थायी आजाद हिंद सरकार की स्थापना

नेताजी का मस्तिष्क सदैव ही कंप्यूटर की भाँति कार्य करता रहता था। उन्होंने सोचा कि हमारी आजादी के लिए जापान जो सहयोग दे रहा है वह एक प्रकार से उपकार के रूप में है। वास्तविक स्थिति यह है कि कहीं वह हमारी सहायता कर रहा है और कहीं हम भी उसकी सहायता कर रहे हैं। यदि हम अस्थायी आजाद हिंद सरकार बना लेते हैं तो हमारा दर्जा उसकी बराबरी का हो जाएगा। हमारी इस सरकार की स्थापना से हमारी फौज और हमारे संघ की स्थिति काफी सुदृढ़ हो जाएगी। एक महत्त्वपूर्ण बात यह होगी कि भारतीय लोगों और सैनिकों के मन में आत्मविश्वास उत्पन्न होगा और विदेशी राष्ट्रों की सहायता से उत्पन्न आत्महीनता का लोप होगा।

नेताजी ने अपना यह प्रस्ताव जापान की सरकार के सामने रख दिया। प्रशासकीय और फौजी क्षेत्रों में इसका विरोध हुआ। पर नेताजी ने किसी के विरोध की तनिक भी चिंता नहीं की और एक दिन उन्होंने आजाद हिंद सरकार का घोषणा-पत्र तैयार करने की ठान ली। उन्होंने आजाद हिंद संघ के अपने एक साथी श्री एस.ए. अय्यर से कहा, ''अय्यर! कल शाम को तुम मेरे बँगले पर आ जाओ। टाइप करने का कुछ काम है। मैंने अभी तक एक शब्द भी नहीं लिखा है। 'आजाद हिंद सरकार' के घोषणा-पत्र के लेखन के लिए मैं एक क्षण का समय भी नहीं निकाल सका हूँ। हर हालत में वह कल तक तैयार हो जाना चाहिए।''

अय्यर ने स्वीकृति-सूचक 'हाँ' भरी और अगले दिन संध्या छह बजे वे नेताजी के बँगले पर उपस्थित हो गए। उन्हें मालूम था कि नेताजी ने उन्हें क्यों बुलाया है। एक काम तो यही था कि नेताजी को आजाद हिंद सरकार का घोषणा-पत्र तैयार कराना था और दूसरा काम संभवतः यह था कि आजाद हिंद सरकार के मंत्रिमंडल के निर्माण के संबंध में विचार-विमर्श होना था। एक दिन पूर्व ही तो

नेताजी ने एक भयानक बात कही थी, ''जो लोग 'आरजी हुकूमते आजाद हिंद' के मंत्री की हैसियत से घोषणा-पत्र पर हस्ताक्षर करें, उन्हें गोलियों से उड़ाए जाने के लिए भी तैयार रहना चाहिए, जैसे कि आयरलैंड के घोषणा-पत्र पर हस्ताक्षर करनेवालों को अंग्रेजों ने गोलियों से उड़ा दिया था।''

यह बात कहकर स्वयं नेताजी ठहाका मारकर हँस पड़े थे। अय्यर ने सोचा कि यह व्यक्ति कितना विचित्र है, जो मृत्यु की बात को भी हँसकर उड़ा सकता है।

अय्यर कल की याद का पल्लू छोड़कर आज के धरातल पर उतर आए। उन्होंने स्वयं ही बात छेड़ी, ''श्रीमान! मेरा परामर्श है कि इस समय आप आजाद हिंद सरकार के लिए बहुत अधिक मंत्रियों की नियुक्ति न करें तो अच्छा हो।''

''क्यों न करूँ?''

''मुख्य कारण यह है कि हमारे राष्ट्रीय आंदोलन में इस समय ऐसे व्यक्तियों का अभाव है, जो आपकी अपेक्षाओं के अनुरूप काम कर सकें।''

''यदि मान लिया जाय कि तुम्हारा कहना ठीक है, तो हम लोग बिना मंत्रियों के आजाद हिंद सरकार चलाएँगे कैसे?''

''श्रीमान! इस कठिनाई से निकलने का एक रास्ता हो सकता है। मेरा परामर्श है कि आप प्रधानमंत्री पद तथा कुछ अन्य मंत्री पद जैसे युद्ध मंत्री पद तथा वैदेशिक मामले का मंत्री पद आदि स्वयं ग्रहण कर लें। कोई भी इसकी आलोचना नहीं कर सकेगा; क्योंकि इतिहास में इस प्रकार के उदाहरण मिलते हैं। रहे मंत्रियों के शेष पद, उनके लिए आप सचिवों की नियुक्ति कर सकते हैं। वे सचिव आपके नेतृत्व में काम करेंगे, जिस प्रकार अभी भी हम लोग कर रहे हैं। यह कदम शायद कुछ नया भले ही लगे, पर मेरा विश्वास है कि यह व्यावहारिक है और इससे हमारा काम चल सकता है।''

''अय्यर, मुझे लगता है कि शायद यहाँ तुम बिलकुल गलत बात कह रहे हो। यदि मैंने इतने विभागों का काम स्वयं ही सँभाल लिया तो लोग मुझे तानाशाह कहकर मेरी आलोचना करने लगेंगे और वह आलोचना न्याय-संगत भी होगी। जहाँ तक दूसरे मंत्रियों का प्रश्न है तो उनके नाम घोषित करने में क्या हानि है? हमारे पास जिस प्रकार के आदमी हैं उन्हीं में से हम अच्छे-से-अच्छे चुन लेंगे और अनुभव तो व्यक्ति को पारंगत बना ही देता है। मैं मंत्रियों की नियुक्ति करने वाला हूँ। मंत्रियों में तुम्हारा नाम भी होगा। कहीं तुम गोलियाँ खाने के डर से तो पीछे नहीं हट रहे?''

''श्रीमान! मैं मंत्री पद से पीछे हटने की बात सोच सकता हूँ, पर गोली खाने

के भय से पीछे हटने की बात कभी नहीं सोच सकता। यही तो आपने हमें सिखाया है। धृष्टता के लिए क्षमा करें। मेरा निवेदन है कि आप मेरे प्रस्ताव पर पुनर्विचार करें। सच बात तो यह है कि मेरे मन में कुछ गंभीर शंकाएँ हैं। ईश्वर करे, वे गलत निकलें।''

''मेरा खयाल है कि अब इस विषय पर चर्चा करने की आवश्यकता नहीं है। मुझे विश्वास है कि सबकुछ ठीक हो जाएगा।''

नेताजी ने अपना निर्णय दे दिया। भोजन आदि से निवृत्त होने में काफी समय लग गया। आधी रात के समय नेताजी ने कोरे कागजों की एक गड्डी खींचकर अपने पास रख ली और हाथ में पेंसिल लेकर कागज पर कुछ लिखना प्रारंभ कर दिया—'बंगाल में सन् १८५७ में अंग्रेजों के विरुद्ध अपनी पहली पराजय के ....।'

बिना पेंसिल उठाए नेताजी लिखते ही गए। उनके द्वारा लिखे गए कागज आबिद हसन और स्वामी दौड़-दौड़कर अय्यर के पास पहुँचाते गए। जब काम समाप्त हुआ तो सुबह के छह बज चुके थे। एक ऐतिहासिक दस्तावेज तैयार हो गया था। विदेशी भूमि पर निर्मित होनेवाली आजाद हिंद सरकार का घोषणा-पत्र तैयार हो चुका था। न तो नेताजी द्वारा लिखित सामग्री में कहीं विराम या पूर्ण-विराम लगाना पड़ा और न अय्यर द्वारा टाइप किए गए कागजों में एक भी गलती निकली।

केवल २० अक्तूबर का एक दिन शेष था। एस.ए. अय्यर की देख-रेख में अंग्रेजी के पंद्रह सौ शब्दों का घोषणा-पत्र शुद्ध रूप में छप भी गया।

□

आजाद हिंद सरकार निर्मित

२१ अक्तूबर, १९४३ का दिन आ पहुँचा। सिंगापुर मदमाते दौर से गुजर रहा था। वर्षा से धुली हुई एशिया की रंगीन धरती फूलों की सुगंध से लोगों को अपनी ओर खींच रही थी। 'कैथे' सिनेमा का भवन आकर्षण का केंद्र बना हुआ था। शहर के सारे रास्ते एक ही दिशा को जा रहे थे। सभाभवन की सज्जा ग्राम-वधू की सज्जा के समान सादगीपूर्ण थी। प्रतीक्षा की घड़ियाँ समाप्त हुईं। महान् क्रांतिकारी रासबिहारी बोस अपने आसन से उठ खड़े हुए। वे लोगों से कह रहे थे, ''पिछले बीस वर्षों से मैं अपनी माँ की गोद से दूर हूँ। कितनी बार भारत माता ने अपने हाथ बढ़ाकर मुझ जैसे जिद्दी शिशु को अपनी गोद में घसीटना चाहा; पर उसके हाथ आगे बढ़ नहीं सके, क्योंकि उसके हाथों में तो हथकड़ियाँ पड़ी हुई थीं।

''आज मेरा छोटा भाई सुभाष—उम्र में मुझसे छोटा, पर हौसले में मुझसे आगे—मसीहा बनकर इनसानियत के घावों को आजादी के फाहे से ठीक करने आया है। हम तीस लाख भूखे-नंगे प्रवासी भारतीय आजादी के मसीहा का स्वागत करते हैं।''

रासबिहारी बोस के बैठते ही सुभाषचंद्र बोस खड़े हुए और उनके स्वर लहराने लगे। उन्होंने आजाद हिंद सरकार के गठन के उद्देश्यों को समझाया और आजाद हिंद सरकार का घोषणा-पत्र पढ़कर सुनाया। कई बार तालियों की गड़गड़ाहट हुई। कठिन समय उस समय उपस्थित हुआ जब वे शपथ लेने खड़े हुए। उनका हृदय भरा हुआ था। फिर भी उन्होंने कहना प्रारंभ किया, ''मैं, सुभाषचंद्र बोस, ईश्वर को साक्षी करके यह पवित्र शपथ लेता हूँ कि भारत को स्वाधीन करने के लिए, अपने अड़तीस करोड़ देशवासियों को स्वाधीन करने के लिए मैं अपने जीवन की अंतिम साँस तक आजादी का पावन युद्ध लड़ता रहूँगा।''

उपर्युक्त वाक्य पूरा करते-करते नेताजी का गला रुँध गया। उनकी पलकों

की कोरों में सपनीली शबनम की बूँदें झूलने लगीं और उन्हें रुक जाना पड़ा। नेताजी को इस अवस्था में देखकर उपस्थित जन-समुदाय को यह समझते देर नहीं लगी कि उनके दिल में आजादी को लेकर कितना दर्द है और भारत की आजादी ही उनके जीवन एकमात्र उद्‌देश्य है। कुछ समय में जब भावना का उद्वेलन कम हुआ, नेताजी ने रूमाल से अपनी आँखें पोंछीं और कंपित तथा आर्द्र स्वर में शपथ का शेष भाग पूरा किया, "मैं सदैव ही भारत का सेवक रहूँगा और अपने अड़तीस करोड़ भाई-बहनों के शुभ चिंतन को अपना कर्तव्य समझूँगा। आजादी अर्जित कर लेने के पश्चात् भी भारत की आजादी की रक्षा के लिए अपने खून की आखिरी बूँद भी बहाने के लिए तैयार रहूँगा।"

नेताजी द्वारा शपथ ग्रहण कर लेने के पश्चात् नियुक्त मंत्रियों में से प्रत्येक ने शपथ ली। पूरा मंत्रिमंडल था—नेताजी सुभाषचंद्र बोस (युद्ध एवं वैदेशिक विभाग), डॉ. लक्ष्मी (महिला संगठन मंत्री), एस.ए. अय्यर (प्रचार एवं प्रकाशन मंत्री), ले. कर्नल ए.सी. चटर्जी (वित्त मंत्री), सशस्त्र सेना के प्रतिनिधि—ले. कर्नल अजीज अहमद, ले. कर्नल एन.एस. भगत, ले. कर्नल जे.के. भोंसले, ले. कर्नल गुलजारा सिंह, ले. कर्नल एम.जेड. कियानी, ले. कर्नल ए.डी. लौंगनाथन, ले. कर्नल एहसान कादिर, ले. कर्नल शहनवाज खाँ, ए.एम. सहाय (सचिव, मंत्री के समकक्ष), रासबिहारी बोस (सर्वोच्च परामर्शदाता)। कानूनी परामर्शदाता—करीम गनी, देवनाथ दास, डी.एम. खान, ए. एकाप्पा, जे.एन. सरकार।

□

रानी झाँसी रेजीमेंट की स्थापना

अगले ही दिन अर्थात् २२ अक्तूबर को नेताजी ने अपने बँगले पर कुछ लोगों को मिलने के लिए बुलाया। वे अपनी एक नई योजना की चर्चा उनके साथ करना चाहते थे। आमंत्रित लोगों में थे—श्री ए. यलप्पा, जो पेशे से वकील थे और उनके मंत्रिमंडल में भी थे। दूसरी थीं—श्रीमती चिदंबरम, जो बहुत ही जागरूक महिला थीं। डॉ. लक्ष्मी भी आमंत्रित थीं, जो मंत्रिमंडल में महिला संगठन मंत्री थीं।

नेताजी ने चर्चा प्रारंभ की, "आप लोगों को यह तो मालूम है ही कि भारत की आजादी की दिशा में हम लोग दो कदम उठा चुके हैं। एक कदम है आजाद हिंद फौज की पुनारचना और दूसरा है आजाद हिंद सरकार की स्थापना। यलप्पा, क्या तुम बता सकते हो कि आजादी की इस लड़ाई में हम अपने महिला वर्ग से क्या सहयोग ले सकते हैं?"

यलप्पा साहब इस आकस्मिक प्रश्न के लिए तैयार नहीं थे। अपना नाम सुनकर जरा चौंके; पर शीघ्र ही सँभलकर बोले, "नेताजी, युद्ध के दिनों में हमारी बहनें कई प्रकार से अपनी सेवाएँ दे सकती हैं। वे अपने भाइयों को सेना में भरती होने के लिए प्रेरित कर सकती हैं और अस्पतालों में अपने घायल भाइयों की मरहम-पट्टी कर सकती हैं।"

उत्तर ठीक था; पर नेताजी को उससे पूर्ण संतोष नहीं हुआ। वे श्रीमती चिदंबरम से पूछ बैठे, "चिदंबरम, तुम तो महिला समाज में जागृति की पक्षपाती हो। तुम्हारे खयाल से हम युद्ध के दिनों में अपनी बहनों से क्या सेवाएँ ले सकते हैं?"

श्रीमती चिदंबरम ने स्वयं को पहले से ही तैयार कर लिया था। उन्होंने तत्काल उत्तर दिया, "नेताजी, युद्ध के संचालन के लिए धन-संग्रह एक बहुत बड़ा काम होता है और हम लोगों को इस समय इसकी विशेष आवश्यकता है। मेरा

खयाल है कि बहनें इस कार्य को अपने भाइयों की अपेक्षा अधिक अच्छी तरह से कर सकती हैं।''

नेताजी ने बात आगे बढ़ाई, ''मैं सहमत हूँ कि हमारी बहनें यह काम अधिक अच्छी तरह से कर सकती हैं; पर मैं तो उनकी शक्ति के उपयोग की बात पूछ रहा हूँ।'' (डॉ. लक्ष्मी की ओर देखते हुए) ''लक्ष्मी, इस विषय में तुम्हारे क्या विचार हैं?''

डॉ. लक्ष्मी की आँखों में एक विशेष प्रकार की चमक दिखाई दी। उन्होंने विनीत भाव, किंतु दृढ़ता से उत्तर दिया, ''नेताजी, मेरा तो खयाल है कि हम लोग वे सभी काम कर सकती हैं, जो हमारे भाई लोग कर सकते हैं। हमारी भी सेना बनाई जाय। भारत की आजादी के लिए हम लोग भी अपनी रक्तांजलि देने को तैयार हैं।''

उत्तर सभी को अच्छा लगा, पर नेताजी को विशेष प्रसन्नता हुई। वे उत्साह के स्वर में बोले, ''तुम ठीक कहती हो, लक्ष्मी! और मैं चाहता भी यही हूँ कि हमारे देश का कोई भी वर्ग ऐसा न हो, जो आजादी के लिए अपना खून बहाने से वंचित रहे। इसीलिए तो मैंने उस दिन कहा था—'तुम मुझे खून दो, मैं तुम्हें आजादी दूँगा'।''

श्रीमती चिदंबरम की ओर देखकर नेताजी बोले, ''मैं जानना चाहता हूँ, चिदंबरम, कि यदि हम महिला रेजीमेंट की स्थापना करें तो हमें कौन-कौन सी कठिनाइयों का सामना करना पड़ेगा?''

श्रीमती चिदंबरम का उत्तर था, ''आपके दृढ़ संकल्प और वर्तमान माहौल को देखते हुए मुझे तो दिखता है कि हमारे मार्ग में कोई कठिनाई नहीं आएगी; पर फिर भी, हमारे जापानी मित्र शायद इस विचार को पसंद न करें।''

नेताजी बोल उठे, ''हाँ, इस संबंध में अपने जापानी मित्र दकियानूसी विचारों के हैं। वे नारी को इतना ऊँचा दर्जा देने की बात सोच भी नहीं सकते। उनकी पसंदगी-नापसंदगी से हमें क्या करना है! जो हम सोचेंगे, वह होकर रहेगा।''

डॉ. लक्ष्मी ने इस बात की प्रतीक्षा नहीं की कि उनसे कुछ पूछा जाय। नेताजी के विचारों के समर्थन में वे बोल उठीं, ''नेताजी, कल ही तो आपने आजाद हिंद सरकार का गठन किया है। अपने जापानी मित्रों ने तो इसमें अड़ंगेबाजी की थी; पर यह तो आप थे, जिन्होंने उनके विरोध के बावजूद आजाद हिंद सरकार की स्थापना कर ली थी। रहा प्रश्न महिला रेजीमेंट का, तो मैं चाहती हूँ कि हम लोग यह काम आज ही कर डालें। मैं अपनी बहनों के विचार जान चुकी हूँ। उनमें बहुत उत्साह है।''

नेता का त्वरित उत्तर था, ''यही समझो कि महिला रेजीमेंट की स्थापना हो गई। मैं स्वयं प्रस्तावित करता हूँ कि हमारे देश की एक महान् वीरांगना झाँसी की रानी लक्ष्मीबाई के नाम पर इस महिला रेजीमेंट का नाम 'रानी झाँसी रेजीमेंट' रखा जाय।'' सभी ने तालियाँ बजाकर नेताजी के प्रस्ताव का समर्थन किया।

डॉ. लक्ष्मी बोल उठीं, ''नेताजी, यदि आप मुझे अनुमति दें तो मैं पास ही स्थित महिला क्लब में जाकर अपनी बहनों से पूछ आऊँ कि उनके क्या विचार हैं!''

नेताजी की अनुमति पाकर डॉ. लक्ष्मी उत्साहपूर्वक वहाँ गईं। महिला क्लब की बहनों से विचार-विमर्श किया। सभी बहनें अत्यंत उत्साहपूर्वक महिला रेजीमेंट के प्रस्ताव-पत्र पर हस्ताक्षर करने के लिए उतावली हो उठीं।

डॉ. लक्ष्मी ने तड़पकर कहा, ''बहनो! बलिदान के पत्र पर हस्ताक्षर स्याही से नहीं, खून से किए जाते हैं।''

यह कहकर झट से उन्होंने अपने पर्स से चाकू निकाला और अपना अँगूठा चीरकर रक्त से अपने हस्ताक्षर कर दिए। अन्य सभी बहनों ने भी होड़ा-होड़ी अपना-अपना रक्त निकालकर आजादी के दस्तावेज पर अपने-अपने हस्ताक्षर कर दिए। डॉ. लक्ष्मी ने वह दस्तावेज नेताजी को जाकर दे दिया।

यह जोश देखकर नेताजी बोल उठे, ''मैं बलिदान के इस दस्तावेज को अपने माथे से लगाता हूँ और सारे संसार के लिए यह ऐलान करता हूँ कि भारत की रणचंडियाँ मुक्तिवाहिनी के रूप में उठ खड़ी हुई हैं और उनका खून इस बात का साक्षी है कि भारत के बेटे और बेटियाँ अपना खून बहाकर ही मातृभूमि की आजादी अर्जित करेंगे। हमारा देश आजाद होकर रहेगा।''

एशिया के अन्य देशों में भी रानी झाँसी रेजीमेंट की शाखाएँ स्थापित कर प्रशिक्षण केंद्र खोले गए। प्रशिक्षण दो प्रकार के होते थे—

1. नागरिक सेवा के लिए प्रशिक्षण और
2. सैन्य सेवा के लिए प्रशिक्षण।

अठारह वर्ष से लेकर चालीस वर्ष की आयु तक की बहनों को रेजीमेंट में भरती किया जाता था। कुछ अपवाद भी होते थे। केवल निर्धन परिवारों से ही नहीं, संपन्न और बुद्धिजीवी परिवारों की बेटियाँ व महिलाएँ रानी झाँसी रेजीमेंट में भरती होती थीं।

□

बाल-सेना की स्थापना

पूर्व एशिया में आने पर नेताजी का प्रत्येक कदम दूसरे कदम से भारी पड़ रहा था। वे स्वयं सिंगापुर, बर्मा और मलेशिया आदि स्थानों पर घूम-घूमकर युद्ध के लिए धन-संग्रह करते रहते थे। इसी क्रम में वे बर्मा की राजधानी रंगून पहुँच गए थे।

चिलचिलाती हुई धूप में घंटों से खड़ी हुई लोगों की लंबी-लंबी कतारें, किसी राशन की दूकान की कतारें नहीं, सर्वस्व निछावर करनेवालों की कतारें होती थीं।

नेताजी के पास पहुँचने का क्रम आ गया रंगून के हबीब साहब का। हबीब साहब बर्मा के बहुत बड़े व्यापारी और प्रतिष्ठित व्यक्ति थे। हबीब साहब अपनी पत्नी, बच्चे और दर्जनों नौकर-चाकरों को साथ लेकर नेताजी के सामने जा पहुँचे। नौकरों के सिरों पर टोकरियाँ रखी हुई हैं और रेशमी वस्त्रों से ढकी हुई हैं। लोगों का अनुमान है कि हबीब साहब फल-फूल लाए होंगे। सारी टोकरियाँ उन्होंने नेताजी के चरणों के निकट रख दीं और हबीब साहब ने सबके आवरण हटा दिए। टोकरियों में नोटों की गड्डियाँ, सोने-चाँदी के आभूषण, सोने-चाँदी के बरतन और हीरे-जवाहरात दिखाई दिए।

हाथ जोड़कर वे विनय की मुद्रा में नेताजी से कह उठे, ''नेताजी, यह अकिंचन भारत माता की सेवा के लिए आपके सामने यह तुच्छ भेंट लाया है। इसे कुबूल कर मेहरबानी कीजिए।''

नेताजी और उनके सभी साथी यह अपार संपत्ति देखकर आश्चर्यचकित रह गए। वे कुछ कहें, उसके पूर्व ही हबीब साहब कह उठे, ''नेताजी, यह रहा दान-पत्र, जिसमें सारी चल और अचल संपत्ति आजाद हिंद संघ के नाम लिख दी गई है और यह रही मेरे दस्तखतों की चेक बुक। बैंकों में जमा सारा धन अब मेरा नहीं

है। सबकुछ आजाद हिंद संघ का है।''

नेताजी ने बड़े संकोच के साथ वह धन और दान-पत्र लिया। वे बोले, ''हबीब साहब! मैं सोच रहा हूँ कि मैं आपके इस उपकार का बदला कैसे चुकाऊँ!''

''आपको बदला चुकाने की तरकीब मैं बताए देता हूँ, नेताजी! घर तो हम लोग जा नहीं सकते; क्योंकि वह तो आजाद हिंद संघ का हो गया है। आप मुझे आजाद हिंद फौज में भरती कर लीजिए और हम लोगों को एक तंबू दे दीजिए। यदि मैं लड़ने के काम नहीं आ सकता तो कम-से-कम फौज की मोटरें तो चला सकूँगा। यह हुनर मुझे अच्छी तरह आता है।''

नेताजी कुछ कहें, इसके पूर्व ही बेगम हबीब नेताजी के सामने पहुँच गईं और निवेदन किया, ''नेताजी, मैं रानी झाँसी रेजीमेंट में भरती होने के लायक तो नहीं हूँ, पर अपनी बहनों को खाना पकाकर तो खिला सकूँगी!''

''अच्छा बेटी! मुझे तुम्हारा प्रस्ताव स्वीकार है। तुम्हारे साथ यह जो तुम्हारा राजकुमार है, इसका क्या नाम है?''

श्रीमती हबीब तो उत्तर दे नहीं पाईं, पर जनाब राजकुमार खुद ही बोल उठे, ''मेरे आका! मेरा नाम अब्दुल हमीद है और मुझे आपसे कुछ गुजारिश करनी है?''

''क्या कहना है हमारे बेटे को, जरा हम भी तो सुनें।''

''मुझे आपसे यह शिकायत है कि आपने पुरुषों के लिए आजाद हिंद फौज और महिलाओं के लिए रानी झाँसी रेजीमेंट का निर्माण कर दिया है, पर हम बच्चों के लिए कोई सेना क्यों नहीं बनाई?''

नेताजी बच्चे की बात सुनकर चकित रह गए और स्वीकारोक्ति के स्वर में बोले, ''चलो, आज से ही बना दी हमने बाल-सेना—और उसके पहले बाल सैनिक तुम्हीं हो। अब तो तुम खुश हो?''

''हाँ, नेताजी! अब मैं बहुत खुश हूँ।''

समर्पण करनेवालों के क्रम में अस्सी वर्ष की एक वृद्धा माँ भी आई। उसने अपने पल्लू की गाँठ खोलकर उसमें से तीन रुपए निकाले और नेताजी की ओर बढ़ा दिए, फिर बोली, ''बेटे! यह मेरी जिंदगी भर की कमाई है, जो लोगों ने मुझे दी है। तू इसे ले और आजादी के काम में लगा दे। मेरा बेटा तो भगवान् को प्यारा हो चुका है। वह तो जासूसी करने के अपराध में अंग्रेजों द्वारा फाँसी पर लटकाया जा चुका है।''

नेताजी बोले, ''माँ! मैं तेरे रुपए नहीं लूँगा। अपनी जिंदगी भर की कमाई

देकर तू अपनी गुजर कैसे करेगी?''

अपने रुपए न लिये जाने के कारण वृद्धा रोने लगी। वह रोते-रोते बोली, ''बेटे, तुझे ये रुपए लेने ही पड़ेंगे। अब तू भी तो मेरा बेटा है, फिर मुझे किस बात की चिंता!''

नेताजी ने वृद्धा माँ के हाथ से रुपए ले लिये और झुककर उसके चरण छुए। दोनों की आँखों से अश्रुपात होने लगा। स्वस्थ होकर नेताजी ने कहा, ''माँ! तू हम सब की भारत माता है। हम सब तेरे बच्चे हैं। हम तुझको आजाद करके ही दम लेंगे।'' यह कहकर नेताजी ने खुद ही जोर से नारा लगाया, ''भारत माता की जय!''

उत्तर में हजारों कंठों से जयकारे फूट पड़े, ''भारत माता की जय!''

''नेताजी की जय!''

□

युद्ध की घोषणा

जिस दिन के लिए नेताजी ने रात और दिन एक कर दिए, वह दिन उनके सामने था। मातृभूमि को मुक्त करनेवाली आजाद हिंद फौज रण-प्रांगण में जाने के लिए नेताजी के सामने खड़ी थी। विदा-वेला की भावुकता से नेताजी का हृदय भर आया। कंठ रुँधा हुआ था, पर कर्तव्य की प्रेरणा ने शब्दों को राह दी—

''मेरे सशस्त्र साथियो!

''तुम मेरी बाहुओं की ताकत हो। तुम वह शक्ति हो जिसके बल पर मुझे भारत के अधिकारों की रक्षा करनी है और यह सबकुछ निर्भर करता है तुम्हारी उन उपलब्धियों पर, जो तुम युद्धभूमि में प्राप्त करोगे।''

नेताजी कुछ रुके। वे कुछ चिंतन में डूब गए और फिर सामने दिखाई देनेवाली नदी की ओर संकेत करते हुए बोल उठे, ''क्षितिज के उस पार, इस बल खाती हुई नदी की दूसरी ओर, लहराते हुए जंगलों के उस पार, इन धूमिल पर्वतों की ओट में हमारी मातृभूमि है। जिससे आकर्षित होकर देवता भी नीचे उतर आए थे, वह हमारी जन्म-भूमि है। जिसकी रज में राम और कृष्ण घुटनों के बल चले थे, मातृभूमि की उस चरण-धूलि में हमने और तुमने जन्म लिये हैं। उसी धूलि से हमारे सुगठित शरीरों का निर्माण हुआ है।''

इतना कहते हुए नेताजी का गला रूँध गया। आँखों में आँसू छलछला आए। बड़ी कठिनाई से अपने संवेगों को नियंत्रण में रखकर उन्होंने आगे कहना प्रारंभ किया, ''शत्रुओं की पंक्तियों को चीरकर तुम्हें अपने देश पहुँचना है। खून ने खून को पुकारा है। उठो, खोने के लिए हमारे पास समय नहीं है। अपने हथियार उठा लो। सामने वह पथ है, जिसका निर्माण हमारे पूर्वज शहीदों ने किया है। हम उसी पथ पर चलेंगे। हम शत्रु के दलों को चीरकर अपना रास्ता बनाएँगे और यदि ईश्वर की दूसरी इच्छा हुई तो हम भी शहीद की मृत्यु का वरण करेंगे; लेकिन ऐसा करते

हुए भी हम अपनी अंतिम निद्रा में उस पथ को चूम लेंगे, जो हमारी मुक्तिवाहिनी को दिल्ली ले जाएगा।

"दिल्ली चलो! चलो दिल्ली!"

नेताजी ने अपनी मुक्तिवाहिनी के सामने अपना हृदय खोलकर रख दिया। सैनिक-समूह में एक विचित्र प्रकार की हलचल और बेचैनी दिखाई दी। वह बेचैनी इस बात की द्योतक थी कि दिल्ली कब पहुँचते हैं? उनकी आत्मा से एक ही स्वर निकल रहा था—'देश के गौरव की रक्षा के लिए हम लोग खून की आखिरी बूँद भी बहा देंगे, पर हम देश की आन पर आँच नहीं आने देंगे।'

नेताजी के उद्‌बोधन ने फौजी पंक्तियों में उन्माद का ज्वार उद्वेलित कर दिया। उनके बलिदान-मंत्र से प्रेरित होकर अनुशासनबद्ध कतारें सिहर उठीं।

वह २३ अक्तूबर, १९४३ का अपराह्न था, जब नेताजी को युद्ध की घोषणा करनी थी। उन्होंने अपने संघ और फौज के साथियों को बताया कि वे ग्रेट ब्रिटेन और अमेरिका के विरुद्ध युद्ध की घोषणा करने वाले हैं।

उनके फौजी साथी ले. कर्नल लौंगनाथन ने इसपर आपत्ति उठाते हुए कहा, "हमारा शत्रु तो ग्रेट ब्रिटेन है, फिर हम अमेरिका के विरुद्ध युद्ध की घोषणा क्यों करें।"

नेताजी ने लौंगनाथन की आपत्ति का समाधान करते हुए बताया कि अब अमेरिका युद्ध में इंग्लैंड का साथी है और जहाँ-जहाँ युद्ध लड़ रहे हैं, दोनों साथ-ही-साथ लड़ रहे हैं। यदि इंग्लैंड जीतता है तो वह अमेरिका के बल पर ही हमको पराधीन बनाए रखेगा। इसलिए आवश्यक है कि हमें इन दोनों देशों के विरुद्ध युद्ध की घोषणा करनी पड़ेगी। लौंगनाथन की शंका का समाधान हो गया।

आखिर २४ अक्तूबर, १९४३ की रात्रि को बारह बजकर पाँच मिनट पर नेताजी ने ग्रेट ब्रिटेन और संयुक्त राज्य अमेरिका के विरुद्ध युद्ध की घोषणा कर दी। शत्रु-पक्ष के लोग नेताजी के प्रत्येक कदम को कितना महत्त्व देते थे, इसका प्रमाण इस बात से मिलता है कि युद्ध की घोषणा के कुछ समय पश्चात् ही अमेरिका ने नेताजी की युद्ध-घोषणा की पुष्टि कर दी।

युद्ध की घोषणा के पश्चात् आजाद हिंद संघ भी सक्रिय हो गया और वह अन्य देशों से समर्थन प्राप्त करने में जुट गया। उन सभी देशों ने युद्ध की घोषणा का समर्थन किया, जिन्होंने आजाद हिंद सरकार को मान्यता प्रदान की थी। कुछ तटस्थ देशों ने भी समर्थन किया।

□

बृहत्तर एशिया सम्मेलन

ग्रेट ब्रिटेन और संयुक्त राज्य अमेरिका के विरुद्ध युद्ध की घोषणा के पश्चात् नेताजी बहुत अधिक सक्रिय हो उठे। उनका एक पैर धरती पर और दूसरा आसमान में रहता था।

जापान की राजधानी टोकियो में ५ और ६ नवंबर, १९४३ को बृहत्तर एशिया सम्मेलन का आयोजन हुआ। इस बार जापान के प्रधानमंत्री जनरल तोजो से नेताजी की भेंट एक विशेष स्थिति में हुई। उनका दर्जा अब जनरल तोजो से ऊँचा हो गया था। जनरल तोजो तो एक राज्य के प्रधानमंत्री ही थे, जबकि नेताजी एक राज्य के अधिपति भी थे। सच पूछा जाय तो जापान के सम्राट् अब नेताजी को अपनी बराबरी का मानते थे।

इसमें कोई संदेह नहीं कि बृहत्तर एशिया सम्मेलन के सभी सदस्यों पर नेताजी छाए रहे। ऐसा लगता था कि जैसे यह सम्मेलन केवल उन्हीं के लिए आयोजित किया गया हो। सभी सदस्य नेताजी का सान्निध्य प्राप्त करने और उनके साथ बातचीत करने को लालायित रहते थे। इसी सम्मेलन में स्वयं जापान के प्रधानमंत्री जनरल तोजो के प्रति नेताजी ने तेवर बदलकर बात की।

हुआ यह कि सम्मेलन के अन्य सदस्यों को प्रधानमंत्री तोजो ने नेताजी का परिचय देते हुए कहा, ''ये हैं श्री सुभाषचंद्र बोस, जो बहुत शीघ्र ही स्वाधीन भारत के सर्वेसर्वा होने वाले हैं।''

नेताजी को यह बात इसलिए अखरी कि उन्हें इस कथन में जनरल तोजो के लालच की गंध आ रही थी। उनका विचार हुआ कि कहीं जापान भारत को सहायता देने के बदले में कुछ हिस्सा-बाँट तो नहीं चाहेगा। उन्होंने जनरल तोजो के प्रति तेवर बदलते हुए कहा, ''मि. तोजो! आपको यह कहने का अधिकार नहीं है कि मैं स्वाधीन भारत का सर्वेसर्वा बनूँगा। यह तो मेरे देशवासी ही तय करेंगे कि

भारत की बागडोर कौन सँभालता है !"

नेताजी की यह खरी और दोटूक बात सुनकर जनरल तोजो सकपका गए। यह नेताजी की दूरदर्शिता ही थी कि वे बृहत्तर एशिया सम्मेलन में एक प्रतिनिधि के रूप में नहीं, एक प्रेक्षक के रूप में ही सम्मिलित हुए। सम्मेलन के सदस्य गण थे—१. जनरल तोजो—जापान के प्रधानमंत्री, 2. मि. चो—मंचूरिया के प्रधानमंत्री, 3. मि. ओसी—चीन के राष्ट्रपति, 4. जोसफ लॉरल—फिलिपाइंस के राष्ट्रपति, 5. मि. वनवाई—थाईलैंड के राजकुमार, 6. डॉ. बा मॉ—बर्मा के राष्ट्रपति, 7. सुभाषचंद्र बोस (प्रेक्षक के रूप में), अस्थायी आजाद हिंद सरकार के अधिष्ठाता और प्रधानमंत्री।

नेताजी सुभाषचंद्र बोस ने सम्मेलन में संक्षिप्त, किंतु सारगर्भित भाषण भी दिया और भाषण के अंतर्गत वे क्षण भी आए जब वे इतने भावुक हो गए कि भारत की आजादी का उल्लेख करते हुए रो पड़े। लोगों ने उनके भारत-प्रेम और आजादी के दर्द को पहचानकर उनकी बहुत प्रशंसा की और सम्मान दिया।

□

जापान के सम्राट् से भेंट : एक दुर्लभ सम्मान

अत्यधिक प्रगतिशील देश होते हुए भी जापान कई बातों में बहुत दकियानूसी देश रहा है। उन लोगों की मान्यता है कि सम्राट् में ईश्वर का अंश होता है और ईश्वर आमने-सामने किसी मनुष्य से नहीं मिल सकता। यही कारण है कि जापान के सम्राट् और जापान के प्रधानमंत्री की जब भेंट होती थी तो उनके बीच में एक परदा डाला जाता था और तब बातचीत या विचार-विमर्श होता था। इस अर्थ में जापान के सम्राट् हिरोहितो और नेताजी सुभाषचंद्र बोस की भेंट जापान के इतिहास की एक दुर्लभ बात मानी गई।

नेताजी के गौरव और उनके प्रभाव की कीर्ति दूर-दूर तक फैल गई थी। जब वे बृहत्तर एशिया सम्मेलन में भाग लेने टोकियो पहुँचे तो जापान के सम्राट् हिरोहितो ने उनसे भेंट करना अपना कर्तव्य समझा। अपने देश के धर्मगुरु को भेजकर उन्होंने नेताजी सुभाष को अपने पास बुलाया और बीच में बिना कोई परदा डाले आमने-सामने उनसे भेंट की और हार्दिक चर्चा भी की। इतना ही नहीं, उन्होंने नेताजी को एक अच्छी तलवार भी अपनी ओर से भेंट में दी। नेताजी ने उसे म्यान से बाहर खींचकर उसका परीक्षण भी किया।

वैसे बृहत्तर एशिया सम्मेलन में अन्य सदस्य भी आए थे, पर उनमें से या तो कोई राष्ट्रपति था या प्रधानमंत्री। नेताजी की भाँति राष्ट्र का अधिष्ठाता कोई नहीं था।

जापान के सम्राट् से भेंट करके नेताजी ने बड़े गर्व का अनुभव किया और दुर्लभ शिष्टाचार का प्रदर्शन कर उन्होंने सम्राट् को धन्यवाद प्रदान किया।

अपने जापान प्रवास के दौरान नेताजी को जापान के शस्त्रागार भी दिखाए गए और उनसे कई कारखानों का निरीक्षण भी करवाया गया। स्वाधीन भारत में बड़े-बड़े उद्योग खोलने के लिए नेताजी जापान में कुछ भारतीय युवकों को प्रशिक्षण भी दिला रहे थे। उनके प्रशिक्षणालय में जाकर वे उनसे भी मिले। □

आजाद हिंद फौज भारत की धरती पर

नेताजी अपनी मुक्तिवाहिनी को युद्धभूमि के लिए विदा कर चुके थे। वह फौज भारत माता की गोद में शीघ्र पहुँचने के उद्‍देश्य से तीव्र गति से चल रही थी। दलनायक ने एक स्थान पर रात्रि विश्राम के लिए रुकने का आदेश दिया। सैनिकों ने निवेदन किया कि नेताजी ने दिल्ली पहुँचने का आदेश दिया है, इस कारण अभी हमें थोड़ा और चलने दें। दलनायक की अनुमति मिल गई। सभी सैनिक तेज कदमों से अपनी मातृभूमि की ओर बढ़ चले। उनके पैर थक गए थे, पर अपने देश की सीमा में पहुँचने के उत्साह के कारण वे अपनी सब थकान भूल गए। उनके दिलों की धड़कनों में एक विचित्र प्रकार की आशा का संचार हो गया। उनके खून में मस्ती के फूल खिलने लगे और खुशी की चमक उनके चेहरों पर साफ दिखाई देने लगी। आजाद हिंद फौज का वह दल अपनी मातृभूमि की गोद में पहुँचने के लिए वैसे ही अधीर हो रहा था जैसे माँ की बाँहों में समा जाने के लिए बच्चे उतावले हो जाते हैं। दल का उत्साह गीत के रूप में फूट रहा था और सभी कंठों से स्वर निकल रहा था—

''चलो दिल्ली पुकार के, कौमी निशाँ सम्हाल के।
लाल किले पर गाड़ के, लहराए जा, लहराए जा!''

सैनिकों के कंठ-स्वर में पग-ध्वनि की ताल मिल रही थी। शाम को अलसाई हुई हवा के झोंके उस संगीत की लहरों से मादक हो रहे थे। अपने नीड़ों में बसेरा करते हुए पक्षियों के समूह उस संगीत का आनंद लेने के लिए उस विजय-यात्रा को झाँक-झाँककर देखने लगे। भयभीत से विहग-शावक बंदूकधारी सैनिकों को देखकर अपनी माताओं के वक्ष से चिपटने लगे तो उनकी माताओं ने उन्हें आश्वस्त करते हुए कहा—

'तुम आनंद करहु खग जाए, देश-मुक्ति खोजन ये आए।'

माताओं के आश्वासनों से निरापद होकर विहग-शावकों ने अपने नीड़ों से उझक-उझककर भारत के मुक्ति-सैनिकों के चल-समारोह के जी भरकर दर्शन किए।

सैनिकों का दल अपने देश की सीमा के निकट पहुँच चुका था। काँटेदार तारों की पंक्ति उनके और मातृभूमि के बीच में थी। तारों के इस ओर विदेश था और उस ओर प्यारा भारत--वह भारत जिसकी मिट्टी से उनकी आत्माओं का निर्माण हुआ था, वह भारत जिसकी गंध उनकी साँसों में समाई हुई थी, वह भारत जिसकी आजादी के सपने उन्होंने अपने दिलों में सँजोए हुए थे। उसी भारत की भूमि उनके सामने थी।

एक सैनिक ने आगे बढ़कर तार काट डाले और रास्ता बना दिया। सभी सैनिक पागलों की भाँति मातृभूमि पर दौड़ पड़े। बच्चों की भाँति वे अपनी मातृभूमि की धूल में लोटने लगे और उसे हाथों से उछालकर मस्तकों पर झेलने लगे। अपनी हथेलियों पर वह पावन धूल लेकर एक-दूसरे के माथे पर चंदन और अबीर की भाँति लगाने लगे। एक सैनिक ने आगे बढ़कर जंगली घास में से कुछ फूल चुन लिये और चिल्लाने लगा, ''मेरे देश के फूल!'' अन्य सैनिकों ने भी कुछ फूल चुन लिये और नेताजी के चित्र को एक टीले पर रखकर उसपर सभी फूल बिखेर दिए। उनमें से एक नेताजी का एक बड़ा सा चित्र अपने मस्तक पर लेकर चलता था। एक दूत भेजकर जापानी फौजी शिविर के माध्यम से वायरलेस द्वारा नेताजी के पास संदेश भेज दिया गया कि आजाद हिंद फौज भारतभूमि में प्रवेश कर चुकी है।

निश्चय किया गया कि सवेरा होते ही अपने देश का तिरंगा झंडा उस भूमि पर फहराया जाय। प्रातःकाल की किरणों के दर्शन के लिए सैनिकों के मन अधीर हो उठे। आँखों में नींद के कहीं आसार नहीं थे। सूखी पत्तियाँ और लकड़ियाँ बटोरकर आग जलाई गई और उसके चारों ओर बैठकर वे भारत के बलिदानी वीरों के किस्से-कहानियाँ सुनने-सुनाने लगे। आँखों-ही-आँखों में रात कट गई। प्रातःकाल की पहली किरण के साथ ही फौजी कायदे के अनुसार ध्वज-वंदन का कार्यक्रम प्रारंभ हुआ। जिस टीले पर नेताजी का चित्र रखा था उसपर एक बाँस गाड़कर दलनायक द्वारा तिरंगा ध्वज फहराया गया। झंडे के अंदर रखे हुए जंगली फूल नेताजी के चित्र पर बरस पड़े। राष्ट्रीय झंडे को फौजी सलामी दी गई और--'शुभ सुख-चैन की वर्षा बरसे, भारत भाग है जागा।' का राष्ट्रीय गीत गाया गया। सारा जंगली प्रदेश 'आजाद हिंद जिंदाबाद' और 'नेताजी जिंदाबाद' के घोष से गूँज उठा।

उधर रंगून स्थित जापानी हेडक्वार्टर से एक फौजी अधिकारी नेताजी की सेवा में उपस्थित हुआ। फौजी ढंग से सलामी देने के पश्चात् बड़े अदब से वह बोला, ''योर एक्सीलेंसी! आपकी आजाद हिंद फौज मातृभूमि में प्रवेश कर चुकी है। उसने अपने अंग्रेज शत्रुओं को बुरी तरह पछाड़ा है। हमें खेद है कि हम आजाद हिंद फौज की वीरता पर अविश्वास कर रहे थे।''

नेताजी ने २१ मार्च, १९४४ को मुख्यालय में पत्रकार-परिषद् का आयोजन किया और उसके माध्यम से सारे संसार को यह समाचार दिया—'आजाद हिंद फौज भारत की भूमि में प्रवेश कर चुकी है और भारत की आजादी की लड़ाई भारतभूमि पर लड़ी जा रही है।'

□

कालेपानी की काल-कोठरियाँ

नेताजी का कथन था, ''मि. तोजो! मैं आपसे यह जानना चाहता हूँ कि शत्रु से जीते गए प्रदेशों पर हम लोगों में से किसका अधिकार होगा?''

जापान के प्रधानमंत्री जनरल तोजो का उत्तर था, ''नेताजी! यहाँ भी मैं आपकी ही बात रखना चाहता हूँ। जो प्रदेश आपकी सेना जीते उसपर आपका ही अधिकार होगा और यदि कोई बहुत बड़ा प्रदेश हमारी सेना जीतती है तो उस पर अस्थायी रूप से हमारा प्रशासन होगा। बाद में तो वह प्रदेश स्थायी रूप से आपका ही होगा।''

''यह बात मुझे स्वीकार है; पर इसका भी एक स्पष्टीकरण इस प्रकार हो जाना चाहिए कि उस विजित प्रदेश पर नागरिक प्रशासन हमारा हो और फौजी प्रशासन आपका।''

दोनों पक्षों को यह बात स्वीकार हो गई। हुआ यह कि कुछ समय पश्चात् ही जापान ने अंडमान-निकोबार द्वीप-समूह पर आक्रमण किया, जो भारतीय साम्राज्य का अंग माना जाता था और उस समय उसपर अंग्रेजों का अधिकार था। उसे जापानियों ने अंग्रेजों से छीन लिया और उसपर अपना फौजी प्रशासन इसलिए जमाए रखना चाहा कि कहीं अंग्रेजी साम्राज्य उसपर दुबारा अपना अधिकार न कर ले। उन्होंने बड़ी चालाकी के साथ उसपर जगह-जगह इस तरह के बंकर बना डाले, जो शत्रु को दिखाई न दें और उनमें जापानी फौज सुरक्षित रह सके। इसके अतिरिक्त उन्होंने विमान-भेदी तोपें भी लगाईं और दुश्मन को झाँसा देने के लिए यहाँ तक भी किया कि खजूर के कुछ वृक्षों को कटवाकर उन्हें विमान-भेदी तोपों का स्वरूप दे दिया।

नेताजी इस द्वीप-समूह में जाने के लिए आतुर हो रहे थे। जापानी पक्ष से मिलकर उन्होंने वहाँ जाना निश्चित कर लिया।

नेताजी ने अपने कुछ फौजी अधिकारियों के साथ जापान के दो इंजनवाले विमान से उड़ान भरी और २९ दिसंबर, १९४३ को अपराह्न के समय अंडमान द्वीप के मुख्य नगर पोर्ट ब्लेयर पर उतरे। यह अनुमान लगाया जा सकता है कि अपनी मातृभूमि के एक भूभाग में प्रविष्ट होते हुए उन्हें कितना हर्ष हुआ होगा।

अंडमान के एक भाग में स्थित सेलुलर जेल में अंग्रेज लोग उन कैदियों को रखा करते थे, जो भारतीय क्रांतिकारियों में से हुआ करते थे। अपनी रचना से वह जेल बड़ी विचित्र है। इन पंक्तियों का लेखक स्वानुभव से उसका वर्णन यहाँ प्रस्तुत कर रहा है; क्योंकि दस दिन रहकर उसने वहाँ के भूगोल और इतिहास को अच्छी तरह से समझा है।

जिस प्रकार साइकिल के पहिए में एक केंद्र-बिंदु होता है और वहाँ से परिधि तक तीलियाँ लगी हुई होती हैं, उसी प्रकार तिमंजिले जेल-भवन की रचना एक गोल घेरे के आकार में की गई थी। इस घेरे के ठीक मध्य में तीन मंजिल की एक मीनार का निर्माण किया गया था और मीनार से घेरे की परिधि तक तिमंजिले भवन की सात पंक्तियाँ बनाई गई थीं। प्रत्येक पंक्ति में तीन मंजिलें थीं। इस प्रकार पूरे भवन में २१ पंक्तियाँ हो गईं। प्रत्येक पंक्ति में ३३ कोठरियाँ बनाई गई थीं। इस प्रकार २१ पंक्तियों में कोठरियों की कुल संख्या ६९३ हो गई। बीच की मीनार अर्थात् कंट्रोल टॉवर की तीन कोठरियाँ मिलाकर जेल-भवन में कोठरियों की कुल संख्या ६९६ हो गई थी। कंट्रोल टॉवर की प्रत्येक कोठरी में खड़ा हुआ पहरेदार अपने सामने की २३१ कोठरियों की निगरानी कर सकता था। इस प्रकार मीनार के कंट्रोल टॉवर में खड़े हुए तीन पहरेदार ६९३ कोठरियों पर निगरानी रख सकते थे। पंक्तियों का निर्माण इस भाँति किया गया था कि एक पंक्ति के कैदी को अपने सामने के भवन की पीठ दिखाई देती थी और प्रत्येक पंक्ति के कैदी को सिवाय स्वयं के कोई दूसरा कैदी दिखाई नहीं देता था। हाँ, वह अड़ोस-पड़ोस के कैदी से ऊँचे स्वर में बातचीत कर सकता था। कोठरियों में रोशनदान भी नहीं थे। हवा और रोशनी केवल दरवाजे से ही प्रवेश करते थे। सेलुलर जेल जिस द्वीप पर स्थित थी, उसका पानी बिलकुल काला दिखाई देता था। इसी कारण उन्हें कालेपानी की काल-कोठरियाँ कहा जाता था।

आजकल सेलुलर जेल की सात पंक्तियों को तोड़कर उस स्थान पर एक अस्पताल बना दिया गया है और उस अस्पताल का नाम 'गोविंद बल्लभ पंत अस्पताल' रखा गया है। यदि उसका नाम सेलुलर जेल में होनेवाले किसी शहीद के नाम पर रखा गया होता तो कितना उपयुक्त होता!

आजकल अंडमान द्वीप-समूह में तीन प्रकार के लोग पाए जाते हैं। पहले प्रकार के लोग वे हैं जो पहले किसी अपराध में जेल गए थे और मुक्त होकर वहीं बस गए। अपराधियों में स्त्री और पुरुष दोनों ही होते थे। उन्हें मुक्त इसलिए कर दिया जाता था कि आस-पास अथाह सागर होता था और यदि पास के किसी जंगली टापू में जाते भी तो जंगली लोग उन्हें मारकर खा जाते थे। मुक्त कैदी स्त्री-पुरुष परस्पर विवाह-संबंध भी स्थापित कर लेते थे और उनकी संतति भी चलती थी। चूँकि द्वीप पर स्त्रियों की संख्या कम होती थी, इस कारण पुरुष कैदी इस प्रयत्न में रहते थे कि दूसरे कैदी की पत्नी को भगा लाया जाय। इस स्थिति से वहाँ एक कहावत चल गई कि अंडमान द्वीप-समूह में वर्षा और पत्नी कब आए और गायब हो जाए, इसका कोई ठिकाना नहीं। यही कारण है कि वहाँ के रहवासियों से यह कभी नहीं कहा जाता कि आप तो यहाँ के पुराने बाशिंदे होंगे। पुराने बाशिंदों का मतलब हुआ कैदियों की संतान और वह इस प्रकार के प्रश्न को बुरा मानते हैं।

अंडमान-निकोबार में दूसरे प्रकार के लोग वे हैं, जो विस्थापितों के रूप में बसाए गए हैं या दक्षिण भारत के कुछ लोग तटीय काम-धंधों को अपनाकर वहाँ बस गए हैं; जैसे—नारियल, कटहल, काजू आदि के धंधों को अपनाकर स्वयं वहीं बस गए हैं। विस्थापित में बहुत से लोग शरणार्थी भी हैं, जिन्हें और कहीं स्थान नहीं मिला तो अंडमान-निकोबार द्वीप-समूह पर बसा दिया गया।

अंडमान द्वीप-समूह में तीसरे प्रकार के लोग कर्मचारी या अधिकारी हैं।

इस विषयांतर के पश्चात् अब हम उसी विवरण पर आते हैं, जब नेताजी इस भारतीय-बैस्टाइल की काल-कोठरियों का निरीक्षण करने पहुँचे। वे उस जेल में ३० दिसंबर, १९४३ को अपराह्न २.३७ पर पहुँचे और पूरे दो घंटे तक उस जेल का निरीक्षण किया। वे उन कोठरियों में भी गए, जिनमें भारतीय क्रांतिकारियों को रखा गया था। नेताजी ने दूसरी मंजिल की १२३ नंबर की कोठरी में काफी समय बिताया, जिसमें भारत के महान् क्रांतिकारी वीर विनायक दामोदर सावरकर को रखा गया था। पहले इस जेल के जेलर अंग्रेज हुआ करते थे, लेकिन जब नेताजी वहाँ पहुँचे तो उसका जेलर एक जापानी था। इन पंक्तियों का लेखक जब वहाँ पहुँचा तो उसके जेलर मि. हर्षे नाम के एक भारतीय सज्जन थे। यहाँ यह उल्लेख कर देना आवश्यक है कि नेताजी के अंडमान पहुँचने के पूर्व ही उनके प्रभाव से जापानियों ने सेलुलर जेल के दरवाजे खोल दिए और सभी भारतीय बंदियों को मुक्त कर दिया। इन बंदियों में जो देशभक्त क्रांतिकारी थे, उनका आचरण तो ठीक रहा, पर वे कैदी जो अपराधी रह चुके थे, उन्होंने अंग्रेजों का पक्ष लेकर जापानियों

को तंग करना प्रारंभ कर दिया। परिणाम यह हुआ कि प्रतिशोध की भावना से जापानियों ने ऐसे कैदियों को लंबी-लंबी और कठोर सजाएँ देना प्रारंभ कर दिया। कभी-कभी वे उन्हें वृक्षों पर लटकाकर फाँसी पर झुला देते थे और कभी-कभी वृक्षों से उलटा लटका दिया करते थे। वे उनके कपड़ों में आग भी लगा दिया करते थे। एक बार तो जापानियों ने तेरह सौ भारतीयों को जहाज में बिठाकर जहाज को डुबो दिया था।

नेताजी के वहाँ पहुँचने के पश्चात् जापानियों के ये अत्याचार बंद हो गए। उन्होंने एक समिति बना दी, जो बंदियों को हीन हरकतें करने से रोकती थी और जापानियों को भी अत्याचार नहीं करने देती थी।

नेताजी ने अंडमान-निकोबार के चौक मैदान में भाषण भी दिया, जो काफी सराहा गया और वहाँ आजाद हिंद फौज के संचालन के लिए काफी धन मिला।

३१ दिसंबर को प्रातः ९ बजे नेताजी हवाई अड्डे पर पहुँचे और वहाँ से उन्होंने बर्मा के लिए प्रस्थान किया।

□

कैप्टेन रघुवंश लाल अवस्थी और उनकी आजाद हिंद फौज

जब अंग्रेजों ने भारत पर अपना अधिकार जमा लिया तब भी भारतीयों ने उनकी अधीनता को स्वीकार नहीं किया। वे समय-समय पर उनके प्रति विद्रोह और संगठित युद्ध करके भारत में भारतीयों का राज्य स्थापित करने का प्रयत्न करते रहे। इसी उद्‌देश्य से कुछ आजाद हिंद फौजों का निर्माण भी हुआ।

जब अंग्रेज सैनिक जापानियों से हार गए तो भारत के प्रसिद्ध क्रांतिकारी रासबिहारी बोस ने जनरल मोहन सिंह के नेतृत्व में एक आजाद हिंद फौज का निर्माण किया।

नेताजी सुभाषचंद्र बोस ने जर्मनी पहुँचकर वहाँ एक शक्तिशाली आजाद हिंद फौज का निर्माण किया; लेकिन जब वे पूर्व एशिया में आ गए तो उन्होंने श्री रासबिहारी बोस द्वारा निर्मित आजाद हिंद फौज को पुनर्गठित किया।

एक शक्तिशाली आजाद हिंद फौज भारत के महान् क्रांतिकारी राजा महेंद्र प्रताप ने अफगानिस्तान में स्थापित की।

भारत के महान् क्रांतिकारी भगत सिंह के सगे चाचा सरदार अजीत सिंह ने भी इटली में 'लश्करे-हिंद' नाम से एक फौजी संगठन खड़ा किया।

जिस आजाद हिंद फौज का उल्लेख करने के लिए हमने इतना विवरण दिया है, वह अंडमान-निकोबार द्वीप-समूह में कैप्टेन रघुवंश लाल अवस्थी ने तैयार की थी, जिसका विलय नेताजी की आजाद हिंद फौज में हो गया।

कैप्टेन अवस्थी मूल रूप से अंग्रेजी साम्राज्य में वॉयरलेस ऑपरेटर थे और स्थानांतरित होकर पोर्ट ब्लेयर पहुँचे थे। जब २३ मार्च, १९४२ को जापानियों ने अंग्रेजों से पोर्ट ब्लेयर छीन लिया तो क्रांतिकारी किस्म के सभी देशभक्तों के मन में

यह विचार आया कि क्यों न भारत की आजादी के लिए कोई फौजी संगठन खड़ा किया जाय। अत: श्री रघुवंश लाल अवस्थी ने अपने जैसे साथियों को चुनकर 'इंडियन इंडिपेंडेंस लीग' और 'आजाद हिंद फौज' की स्थापना कर डाली।

श्री अवस्थी हिंदी और अंग्रेजी दोनों में ही बहुत अच्छा भाषण देते थे। उनके जादू से खिंचकर लोग आजादी की फौज में भरती होने आ रहे थे और फौजियों की संख्या बढ़ती जा रही थी। उनके आर्थिक प्रबंध के लिए भी इन लोगों ने अच्छी व्यवस्था कर ली थी। इनके प्रभावी साथियों में थे—डॉ. दीवान सिंह कालेपानी और बाबा उसमान।

पहले तो जापानियों ने इन लोगों को बिना कोई सहायता दिए प्रोत्साहित किया, पर बाद में किसी की चुगलियों से प्रभावित होकर उन्होंने इन लोगों के पूरे दल को गिरफ्तार करके सेलुलर जेल की कोठरियों में डाल दिया।

जापानी लोग शत्रु को आतंकित करने में बड़े माहिर होते थे। पद्मभूषण कर्नल ढिल्लन ने बताया कि जापानियों ने उन्हें स्वयं नंगे पाँव कीलों, काँच के टुकड़ों और नुकीले पत्थरों पर चलने के लिए मजबूर किया था।

'शेरे-हिंद' और 'सरदारे-जंग' की दो-दो उपाधियाँ पानेवाले भारत के राणा साँगा कैप्टेन मनसुख लाल ने बताया था कि रस्सियों से हाथ-पैर बँधे हुए, नंगे बदन गोरों को जापानी अफसरों ने एक पंक्ति में बैठाकर मुझसे कहा था कि या तो तुम तलवार से इन सब गोरों के सिर धड़ से अलग कर दो, नहीं तो हम तुम्हारा सिर धड़ से अलग कर देंगे।

जापानियों ने एक अंग्रेज अफसर मि. बर्ड की बड़ी दुर्गति की थी। उसको मृत्युदंड दिया गया था और आम लोगों को एक चौराहे पर उसकी मृत्यु देखने के लिए आमंत्रित किया गया था। उस अंग्रेज अफसर मि. बर्ड से पहले तो जापानियों ने उनकी खुद की ही कब्र खुदवाई, फिर उसके हाथ-पैर बाँधकर एक जापानी ने तलवार के एक ही वार से उसका सिर धड़ से अलग कर दिया और उसके सिर और धड़ को पैरों से ठेलकर कब्र के अंदर डलवा दिया।

कैप्टेन रघुवंश लाल अवस्थी भी सेलुलर जेल की एक कोठरी में पड़े-पड़े इसी प्रकार के दंड की प्रतीक्षा कर रहे थे; पर धन्य हो डॉ. दीवान सिंह कालेपानी का कि उन्होंने जापानियों के जेहन में यह बात उतारकर कि अवस्थी तो अंग्रेजों का कट्टर शत्रु है, उनके प्रति जापानियों की भावना बदल दी और खुद यातनाएँ झेलकर जापानियों के हाथों शहीद हो गए।

□

कु. मानवती पांडेय की कहानी

दौड़-धूप करते हुए जब नेताजी सुभाष बर्मा की राजधानी रंगून पहुँचे तो वहाँ उन्हें उत्साहपूर्ण वातावरण नजर आया। रासबिहारी बोस वहाँ पहले ही पहुँच चुके थे और रानी झाँसी रेजीमेंट में उन्होंने कुछ महिलाओं को भरती किया था। इन्हीं में से एक थीं—कु. मानवती पांडेय। मानवती पांडेय मूल रूप से भारत के फैजाबाद जिले की रहनेवाली थीं और उनके पिता बर्मा की डाक सेवा में थे, इसलिए उनका पूरा बचपन बर्मा में ही व्यतीत हुआ था। हिंदी भाषा का उन्हें पारिवारिक पृष्ठभूमि के कारण अच्छा ज्ञान था। अंग्रेजी वे फर्राटे की बोल सकती थीं और बर्मी तो उनकी मातृभाषा जैसी हो गई थी। श्री रासबिहारी बोस ने उनकी भेंट नेताजी से कराई और नेताजी उनसे मिलकर बहुत प्रसन्न हुए।

नेताजी का विचार हुआ कि इस लड़की का अच्छा उपयोग होना चाहिए। चूँकि रानी झाँसी रेजीमेंट की कमांडेंट डॉ. लक्ष्मी अपने दल के साथ युद्ध के मोरचे पर चली गई थीं और उनके समान योग्यता की कोई महिला रंगून मुख्यालय पर नहीं थी, इस कारण नेताजी ने कु. मानवती पांडेय को रानी झाँसी रेजीमेंट का महासचिव नियुक्त कर दिया और वे नेताजी के सान्निध्य में रहने लगीं। उस समय उनकी निम्नलिखित भूमिकाएँ थीं—

१. चालीस वर्ष की आयु तक की बर्मी महिलाएँ रेजीमेंट में भरती हो सकती थीं। मानवती उनके स्वभाव और चाल-चलन को बहुत बारीकी से देखती थीं और यदि कोई संदिग्ध हुई तो वे उसको निकाल देती थीं।

२. अठारह वर्ष से ऊपर की लड़कियाँ भी रेजीमेंट में भरती होती थीं। उनके अनुरूप फौजी और सांस्कृतिक प्रशिक्षण की व्यवस्था मानवती स्वयं करती थीं।

३. चूँकि 'हिंदी' संघ की और फौज की भाषा मान ली गई थी, इस कारण मानवती पांडेय उन सभी महिलाओं को हिंदी सिखाती थीं, जिन्हें हिंदी नहीं आती थी।

४. नेताजी की सुरक्षा का भी उन्हें पूरा-पूरा ध्यान रखना पड़ता था। एक बार नेताजी की जान को खतरा भी उत्पन्न हो गया।

अंग्रेज तो चाहते ही थे कि किसी-न-किसी प्रकार सुभाषचंद्र बोस के प्राण हरे जाएँ। एक बार वे जर्मनी में एक अंग्रेज लड़की के माध्यम से यह प्रयत्न कर भी चुके थे, पर उन्हें सफलता नहीं मिली थी।

बर्मा में अंग्रेजों के लिए यह काम बहुत आसान हो गया। उन्हें मालूम था कि रानी झाँसी रेजीमेंट में महिलाओं की भरती होती है, जो देशभक्ति के जज्बे से कम अपनी आर्थिक दशा सुधारने के उद्देश्य से रेजीमेंट में अधिक भरती होती हैं। उन्होंने रेजीमेंट की एक बर्मी महिला को इस बात के लिए तैयार कर लिया कि वह अपने जूड़े में पिस्टल रखकर किसी बहाने से नेताजी के पास चली जाय और उनपर अपनी पिस्टल खाली करके उनकी जीवन-लीला समाप्त कर दे। वह बर्मी महिला इस काम के लिए राजी हो गई।

वह महिला नेताजी के पास पहुँचने के लिए बहुत उतावली हो रही थी। लोगों ने उसका उतावलापन देखा तो उन्हें शक हुआ और उन्होंने मानवती पांडेय से यह बात कही। मानवती पांडेय ने जब उस महिला के व्यक्तित्व की ओर दृष्टिपात किया तो उन्हें उसका जूड़ा ही प्रमुख दिखाई दिया। वहीं पास में कैप्टेन गंगा सिंह भी थे। मानवती ने कहा, "भैया! या तो आप स्वयं मेरे साथ एक तंबू में चलकर इस महिला के दोनों हाथ पकड़ लो या दो रानियों को बुलाकर उन्हें मेरे पास भेज दो।" उस समय वहाँ रानी झाँसी रेजीमेंट की कोई रानी नहीं थी, इस कारण नेताजी का खतरा टालने के लिए स्वयं कैप्टेन गंगा सिंह ने उस बर्मी महिला के दोनों हाथ पकड़ लिये और मानवती पांडेय ने उसके जूड़े से पिस्टल निकाल ली। वे दोनों उसे बंदी बनाकर नेताजी के पास ले गए।

नेताजी ने अत्यंत उदारता से कहा, "मानवती! अपने अनुशासन का पालन करते हुए तुम इसे रेजीमेंट से निकाल दो; पर इसे एक महीने का वेतन और घर जाने का खर्च अवश्य दे देना।"

कु. मानवती पांडेय और नेताजी—दोनों की खूब प्रशंसा हुई।

□

कैप्टेन सूरजमल्ल की वीरता

नेताजी अपनी फौज को युद्धभूमि की ओर भेज चुके थे और उन्होंने दुनिया को यह सूचित कर दिया था कि आजाद हिंद फौज भारत की भूमि पर भारत की आजादी की लड़ाई लड़ रही है। आगे के पृष्ठों में यह लिखा जाएगा कि वह फौज कहाँ-कहाँ लड़ी और उसने किस प्रकार का प्रदर्शन किया।

आँधी और तूफान की गति से बढ़ती हुई आजाद हिंद फौज भारत की सीमा में प्रवेश कर गई। भारत की सीमा में सबसे निकट की चौकी मोडक चौकी थी। आजाद हिंद फौज ने झपटकर शत्रु को मार भगाया और उस चौकी पर अधिकार जमा लिया। उस चौकी के आस-पास और कई चौकियाँ जीतकर आजाद हिंद फौज ने पूरे क्षेत्र पर अधिकार कर लिया। अंग्रेजी सेना ने पूरी शक्ति लगाकर उस क्षेत्र को हथियाना चाहा, पर हर बार उसे मार भगाया गया।

अंग्रेजी सेना ने बार-बार जोरदार आक्रमण किए। जापानी सेना का पड़ाव भी निकट ही था। वह अंग्रेजी आक्रमणों से विचलित हो गई और उसने वहाँ से हटने का निश्चय कर लिया। जापानी सेना ने भारतीय सैनिकों को भी परामर्श दिया कि वह भी उस क्षेत्र को खाली कर दें।

उस क्षेत्र में आजाद हिंद फौज के कमांडर मेजर रतूरी ने अपने सहयोगियों से परामर्श किया। सभी ने एक स्वर से कहा कि हम लोग इस क्षेत्र को खाली करके नेताजी के नाम को बट्टा नहीं लगने देंगे और हर मूल्य पर इस क्षेत्र की रक्षा करेंगे।

नई व्यवस्था के अनुसार वहाँ फहराए गए राष्ट्रीय झंडे की रक्षा के लिए कैप्टेन सूरजमल्ल के नेतृत्व में आजाद हिंद फौज की एक कंपनी छोड़ दी गई और मेजर पी.एस. रतूरी सेना के साथ आपूर्ति शिविर की रक्षा के लिए पहुँच गए।

जब जापानियों ने देखा कि आजाद हिंद फौज वहीं रहकर उस क्षेत्र की रक्षा

के लिए संकल्पित है तो उन्होंने भी अपनी फौज का कुछ भाग वहाँ छोड़ दिया। उन्होंने वहाँ केवल अपनी सेना ही छोड़ी, कोई अफसर नहीं छोड़ा। जापानी सेना के नेतृत्व का दायित्व भी कैप्टेन सूरजमल्ल को दिया गया। जापानी सेना के इतिहास में यह पहला अवसर था जब किसी विदेशी अफसर ने उनकी सेना की कमान सँभाली हो। कैप्टेन सूरजमल्ल और उनके बहादुर साथियों ने मई से सितंबर १९४४ तक अपनी जान पर खेलकर संपूर्ण मोडक क्षेत्र की रक्षा की। इस बीच अंग्रेजी सेना ने उसपर कई बार भयंकर आक्रमण किए, पर हर बार मार खाकर उसे लौटना पड़ा।

□

ले. अमर सिंह की वीरता

अब्बा चौकी की रक्षा का भार सेकेंड लेफ्टिनेंट अमर सिंह पर था। इस चौकी पर अंग्रेजी सेना के दाँत गड़े थे और वह उसपर अधिकार कर लेना चाहती थी। उसने अपने गुप्तचर भेजकर यह पता लगा लिया कि अब्बा चौकी पर आजाद हिंद फौज के सैनिकों की संख्या बीस से अधिक नहीं है। उसने सोचा कि जोरदार हमला करके इतने कम सैनिकों को मार भगाना और उनसे चौकी छीन लेना कोई मुश्किल काम नहीं है।

एक दिन प्रातःकाल आठ बजे अंग्रेजी सेना के एक सौ पचास सैनिकों के एक दल ने आजाद हिंद फौज द्वारा रक्षित चौकी पर भीषण हमला बोल दिया। एक ओर मामूली हथियार लिये केवल बीस सैनिक और दूसरी ओर एक सौ पचास सैनिकों का सुसज्जित दल। अंग्रेजों के पास स्वचालित हथियारों के अतिरिक्त भारी-भारी तोपें और किलेबंदी को तोड़नेवाले मोर्टार भी थे, जबकि आजाद हिंद फौज के पास केवल साधारण राइफलें और कुछ मशीनगनें ही थीं और इनके पास गोला-बारूद भी बहुत कम था। यदि वे अधिक देर तक युद्ध करते तो उनकी युद्ध-सामग्री समाप्त हो सकती थी।

अंग्रेजी सेना ने जब चौकी पर आक्रमण किया तो आजाद हिंद फौज ने कोई प्रतिरोध नहीं किया और उनको निकट आने दिया। जब शत्रु-सेना अत्यंत निकट आ गई तो आजाद हिंद फौज के जवान बाज की तरह उनपर झपट पड़े और गोलियों की भयंकर वर्षा प्रारंभ कर दी। अंग्रेजी सेना ने इतने जोरदार और आकस्मिक प्रतिरोध की कल्पना नहीं की थी और देखते-ही-देखते उसके कई सैनिक धराशायी हो गए। अंग्रेजी सेना पीठ दिखाकर भाग खड़ी हुई।

अपनी हार का बदला लेने के लिए अंग्रेजी सेना ने दोपहर के समय एक और जोरदार हमला किया। इस बार उन्होंने अपनी तोपों से गोलों की वर्षा की और

चौकी के चारों ओर धुआँ उड़ानेवाले गोले फोड़े, जिनके कारण चौकी के आस-पास धुएँ की दीवारें खड़ी हो गईं और उनकी ओट लेकर अंग्रेजी सेना चौकी के बिलकुल निकट पहुँच गई। इस बार भी आजाद हिंद फौज के जवानों ने दूने जोश के साथ उनके आक्रमण का सामना किया और चौकी के आस-पास अंग्रेजी सेना की लाशें बिछा दीं। शत्रु-सेना को दूसरी बार भी पीठ दिखानी पड़ी।

शत्रु-सेना ने तो निश्चय कर लिया था कि आज आजाद हिंद फौज के सैनिकों को कुचलना है और इसी कारण दो बार पराजित होकर भी उसने संध्या के समय तीसरी बार सर्वाधिक भयंकर आक्रमण किया। सैनिकों के आक्रमण के पूर्व इस बार सेना के छह बमवर्षकों ने एक घंटे तक भयंकर बमवर्षा की और पूरे क्षेत्र की धज्जियाँ उड़ा दीं। इसके बाद अंग्रेजी मशीनगनों ने वायुयानों की सहायता से आजाद हिंद फौज पर गोलियों की धुआँधार वर्षा की। शत्रु के वायुयानों ने बीस मिलीमीटर आकार की गोलियाँ छोड़ीं, जो टैंकों या भारी वाहनों को नष्ट करने के लिए छोड़ी जाती हैं। उन्होंने सर्वनाश का बीड़ा उठाया था और सोचा था कि बमवर्षा और गोलियों की भयंकर बौछारों से नेताजी का एक भी सैनिक जीवित नहीं बचा होगा; लेकिन ईश्वर को कुछ और ही मंजूर था।

उस भयंकर मृत्यु-वर्षा से आजाद हिंद फौज का केवल एक ही सैनिक शहीद हुआ और शेष अपनी खाइयों में दुबके रहे। अंग्रेजी सेना ने समझ लिया कि आजाद हिंद फौज के सभी सैनिक मारे गए और बड़ी निर्भीकता के साथ उनके सैनिक चौकी पर कब्जा करने के लिए आगे बढ़े। ज्यों ही वे खाइयों के निकट पहुँचे, आजाद हिंद फौज के जवानों ने गोलियों की अचूक वर्षा प्रारंभ कर दी। शत्रु-सेना को लगा, जैसे उन सैनिकों के भूत उठ खड़े हुए हों। उसके सैनिक पटापट धराशायी होने लगे। अंग्रेजी सेना को भागने के सिवा और कुछ करते नहीं बना और बड़ी भारी संख्या में लाशें छोड़कर भाग खड़े हुए।

□

कैप्टेन सूरजमल्ल ने शत्रु-सेना की कमर तोड़ी

अब्बा चौकी से कुछ दूरी पर ही आजाद हिंद फौज का मुख्य शिविर था, जिसका संचालन कैप्टेन सूरजमल्ल कर रहे थे। जब उन्होंने चौकी की दिशा में शत्रु के बमवर्षकों की हलचल देखी और गोलियों की आवाज सुनी तो समझ गए कि शत्रु ने चौकी पर आक्रमण कर दिया है। उन्हें ज्ञात था कि वहाँ अपने सैनिकों की संख्या अधिक नहीं है। तनिक भी देर किए बिना अपने पचास जाँबाज साथियों के साथ वे चौकी की ओर झपट पड़े। देखते-ही-देखते वे चौकी पर पहुँच गए, पर शत्रु-सेना तो पीठ दिखाकर पहले ही भाग चुकी थी। वहाँ उन्होंने वह दुर्गति देखी, जो नेताजी के सैनिकों ने शत्रु-सेना की बनाई थी। केवल एक सैनिक के प्राणों के मूल्य पर दूर-दूर तक वहाँ शत्रु-सेना की लाशें बिछी देखी गईं। वे तो हमेशा के लिए उसकी कमर तोड़ देना चाहते थे, जिससे वह फिर आक्रमण ही न कर सके। अपने साथ लाए हुए पचास सैनिकों को लेकर वे शत्रु के मुख्य शिविर की ओर बढ़ चले। अँधेरा हो चुका था। शत्रु-शिविर के निकट पहुँचने के पश्चात् धरती पर सरक-सरककर उनके सैनिक आगे बढ़ने लगे। बिलकुल निकट पहुँचकर 'जय हिंद!' और 'नेताजी की जय!' के गगनभेदी घोष के साथ उन्होंने शत्रु पर भयंकर आक्रमण कर दिया। शत्रु-सेना हतप्रभ रह गई। उसने कल्पना तक नहीं की थी कि कोई उसके मुख्य शिविर पर हमला करेगा। आक्रमण इतना आकस्मिक और भयंकर था कि शत्रु-सेना को जिधर रास्ता मिला उधर भाग खड़ी हुई। आजाद हिंद फौज ने शत्रु की युद्ध-सामग्री और खाद्य-सामग्री पर कब्जा कर लिया और अपने श्रम का परिहार करने के लिए अच्छी दावत उड़ाई। सूरजमल्ल का इतना आतंक छा गया कि शत्रु ने दुबारा आक्रमण करने का विचार ही नहीं किया। मेजर पी.एस. रतूरी ने जब यह समाचार सुना तो उन्होंने कैप्टेन सूरजमल्ल को बधाई का संदेश भेजा।

नेताजी सुभाषचंद्र बोस ने कैप्टेन सूरजमल्ल को 'सरदारे-जंग' का अलंकरण प्रदान किया। □

लेफ्टिनेंट सिकंदर खान की वीरता अंग्रेजी ब्रिगेड को बंदी बनाया

फालम क्षेत्र की रक्षा पहले जापानी सेना कर रही थी। ले. सिकंदर खान ने अब उस क्षेत्र की रक्षा का भार स्वयं सँभाल लिया। १७ मार्च, १९४४ को उन्हें सूचना मिली कि शत्रु-सेना का एक दल उस क्षेत्र में आक्रमण करने की तैयारी कर रहा है। ले. सिकंदर खान ने अपनी अव्वल कंपनी के अस्सी जवान अपने साथ लिये और शत्रु की ताक में रास्ते की झाड़ियों के पीछे छिपकर बैठ गए। शत्रु के दल ने कल्पना भी नहीं की थी कि उस क्षेत्र में उसे संकट का सामना करना पड़ेगा। वे लोग निडर होकर जा रहे थे। ज्यों ही शत्रु-सेना का कमांडर आगे बढ़ा, ले. खान ने झाड़ी से कूदकर उसकी छाती पर अपनी रिवॉल्वर रख दी और पूरे दल को आत्मसमर्पण के लिए ललकारा। पूरे दल ने तत्काल समर्पण कर दिया; क्योंकि हथियारबंद आजाद हिंद फौज ने उसे घेर रखा था। वे लोग अंग्रेजी फौज के लुशाई ब्रिगेड के सैनिक थे।

अंग्रेजी फौज का एक दूसरा गुरिल्ला दस्ता भी उस क्षेत्र में सक्रिय था और मेजर मैनिंग उस दस्ते का नेतृत्व कर रहे थे। गुरिल्ला युद्ध में मेजर मैनिंग को विशेष दक्षता प्राप्त थी और उन्होंने चिन पहाड़ी के निवासी चिन जाति के लोगों का एक गुरिल्ला दस्ता तैयार कर लिया था। इस दल से जापानी लोग बहुत भयभीत थे और इस कारण उन्होंने इस क्षेत्र की रक्षा का भार ले. सिकंदर खान को सौंप दिया था। सिकंदर खान चाहते थे कि किसी प्रकार गुरिल्ला दल के कमांडर मैनिंग को जीवित पकड़ा जाय। उन्हें पता चला कि शत्रु का गुरिल्ला दल नीचे एक नाले में छिपा हुआ है।

ले. सिकंदर खान ने मेजर मैनिंग के गुरिल्ला दल को गिरफ्तार करने का

जाल बिछाया। उन्होंने उस नाले को चुपके से दो तरफ से घेर लिया। मेजर मैनिंग अपने एक अर्दली को आगे करके रास्ता तय कर रहे थे। ज्यों ही उनका अर्दली एक मोड़ पर पहुँचा, उसे एकदम दबोच लिया गया। वह शोर न मचा सके, इसलिए उसका मुँह बंद कर दिया गया। अब मेजर मैनिंग आगे बढ़े। सिकंदर खान स्वयं को जब्त न कर सके। वे अपना रिवॉल्वर लिये मैनिंग के सामने कूद पड़े और उसे समर्पण के लिए ललकारा। मैंनिग के पास स्टेनगन थी। उसने फायर किया। सिकंदर खान ने भी अपनी रिवॉल्वर से गोली चलाई। उसका निशाना चूक गया। मेजर मैनिंग अपनी स्टेनगन फेंककर भाग खड़ा हुआ। ले. सिकंदर खान ने अपनी ब्रेनगन से उसपर निशाना साधा, पर उनकी ब्रेनगन जाम हो गई। सिकंदर खान ने उसका पीछा भी किया, पर मेजर मैनिंग को भाग जाने में सफलता मिल गई; लेकिन उसका गुरिल्ला दल गिरफ्तार कर लिया गया।

□

मेजर महमूद अहमद और कैप्टेन अमरीक सिंह की वीरता

अंग्रेजी सेना के अधिकार में क्लंग-क्लंग नाम की एक चौकी थी, जिसका बहुत सामरिक महत्त्व था। आजाद हिंद फौज उस चौकी पर अधिकार करना चाहती थी। मेजर जनरल शाहनवाज खाँ ने उस चौकी पर अधिकार करने का दायित्व मेजर महमूद अहमद को दिया। उन्होंने १४ मई, १९४४ को योजना अपने हाथ में ली। चौकी बहुत ऊँची पहाड़ी पर स्थित थी और बहुत बड़ी अंग्रेजी सेना उसकी रक्षा कर रही थी।

सारे दिन चलने के पश्चात् मेजर महमूद के दल ने उस पहाड़ी के अंत में स्थित एक अन्य चौकी पर आक्रमण करके उसपर अधिकार कर लिया। कुछ जवान उसकी रक्षा के लिए वहाँ पर छोड़ दिए गए और शेष दल ने क्लंग-क्लंग चौकी पर अपनी चढ़ाई जारी रखी। उनकी यात्रा रात भर जारी रही और प्रात: चार बजे उनका दल चौकी के बिलकुल निकट पहुँच गया। उन्होंने देखा कि चौकी पर पहुँचने का एक ही रास्ता है और उस रास्ते के दोनों ओर अंग्रेजों के बंदूकधारी सैनिक तैनात हैं। मेजर महमूद ने अपने आठ-दस सैनिकों और कैप्टेन अमरीक सिंह को साथ लेकर चौकी की ओर एक-एक इंच सरकना प्रारंभ किया। उन्हें खतरा था कि किसी का तनिक भी पैर चूका तो वह सैकड़ों फीट नीचे नाले में गिरकर मृत्यु के मुख में ही जाएगा। वे लोग पेट के बल सरक रहे थे। आखिरकार, उनका भयंकर रास्ता पार हो गया और वे शत्रु की खाइयों के बिलकुल निकट पहुँच गए। दुर्भाग्यवश शत्रु के सैनिकों ने आजाद हिंद फौज के इस दल को देख लिया और उसपर गोलियों की वर्षा प्रारंभ कर दी। आक्रामक दल ने भी गोलियों का उत्तर गोलियों से दिया। शत्रु की गोलियों की चिंता न करके कैप्टेन अमरीक

सिंह आगे बढ़े। इसी समय शत्रु के दूसरे रक्षक दल ने भी गोलियों की बौछार प्रारंभ कर दी। दोनों शत्रु दलों की गोलियों की बौछारों की चिंता न करके कैप्टेन अमरीक सिंह आगे बढ़ते ही गए और एक-एक हथगोला उन्होंने दोनों शत्रु-दलों पर फेंका। निशाने अचूक लगे और शत्रु की बंदूकें ठंडी पड़ गईं। कैप्टेन अमरीक सिंह का दल झपटकर मुख्य शिविर तक जा पहुँचा और शत्रु पर संगीनों से आक्रमण कर दिया। कैप्टेन अमरीक सिंह के दल ने 'जय हिंद' और 'नेताजी की जय' के गगन-भेदी घोष के साथ शत्रु के सैनिकों को संगीनों से छेदना प्रारंभ कर दिया। कुछ देर तक तो शत्रु-सैनिकों ने टिके रहने का साहस दिखाया, पर अंततोगत्वा उनके पैर उखड़ गए और वे लोग पीठ दिखाकर भाग खड़े हुए। भागते-भागते वे उस चौकी पर पहुँचे, जहाँ आजाद हिंद दल पहले ही काबिज हो गया था। उस दल ने भी भगोड़े अंग्रेजों की खूब पिटाई की और लाशों-पर-लाशें बिछा दीं। उस संपूर्ण क्षेत्र पर आजाद हिंद फौज का अधिकार हो गया।

□

लेफ्टिनेंट रनजोधा सिंह की वीरता

हाका और फालम पर अधिकार कर लेने के पश्चात् आजाद हिंद फौज का एक बड़ा हिस्सा कोहिमा की ओर कूच कर चुका था। शत्रु को इस तथ्य का पता लग गया था कि हाका-फालम क्षेत्र में आजाद हिंद फौज की संख्या बहुत कम है। स्थिति का लाभ उठाकर उसने पहाड़ी पर स्थित एक चौकी आजाद हिंद फौज से छीन ली। हाका क्षेत्र की रक्षा का भार ले. रनजोधा सिंह पर था। स्थिति को देखते हुए रनजोधा सिंह ने एक दल 'हाका' की रक्षा के लिए वहीं छोड़ा और चुने हुए साठ सैनिकों को लेकर वे क्लंग-क्लंग चौकी की रक्षा के लिए चल पड़े, जिसको तैयारी करने के पश्चात् शत्रु-सेना ने घेर लिया था। शत्रु-सेना की संख्या इस दल से पाँच गुना अधिक थी। ले. रनजोधा सिंह ने अपने सैनिकों को संबोधित करते हुए कहा, "शत्रु-सेना ने क्लंग-क्लंग चौकी पर हमारे सैनिकों को घेर रखा है। समय रहते यदि हम उनकी सहायता के लिए नहीं पहुँचे तो उनमें से एक भी जीवित नहीं बच सकेगा। हम यदि शत्रु संख्या से डर गए तो हम नेताजी के सैनिक ही क्या? ऐसे संकट के समय अपनी जान को जोखिम में डालकर हमें अपने साथियों को बचाना है।"

यह उद्बोधन सुनकर उनके साथी सैनिक जोश से उबलने लगे और वे हथेलियों पर प्राण लिये हुए निकल पड़े।

पहाड़ी पट्टी को शत्रु-सेना के तीन सौ जवानों ने घेर रखा था। उनके पास अच्छे-से-अच्छे अस्त्र-शस्त्र थे और ऊँचाई पर स्थित होने के कारण वे अधिक सुरक्षित थे। उनके मुकाबले में रनजोधा सिंह के सैनिकों की संख्या केवल साठ थी और उनके पास अच्छे हथियार भी नहीं थे। इतना होने के पश्चात् भी शत्रु से भिड़ने का उनमें प्रबल हौसला था।

ले. रनजोधा सिंह का दल 'जय हिंद' और 'नेताजी की जय' के नारों के

साथ शत्रु-सेना पर टूट पड़ा। आमने-सामने का भयंकर युद्ध हुआ, जिसमें दोनों ओर के सैनिक हताहत होकर गिरने लगे। काफी देर तक मारा-मारी होती रही। अंत में आजाद हिंद फौज के रणबाँकुरों के सामने शत्रु-सेना को भागते ही बना। भागने के क्रम में उसने पूरी पहाड़ी पट्टी पर अपनी स्थिति मजबूत कर ली।

ले. रनजोधा सिंह का तो खून खौल रहा था। वे उसे ठंडा नहीं होने देना चाहते थे। उन्होंने अपनी आँखों के सामने अपने साथियों को दम तोड़ते हुए देखा था। वे अपने एक-एक साथी की मृत्यु का बदला शत्रु के दस-दस सैनिकों को मारकर लेना चाहते थे। अपने बचे हुए साथियों को संगठित करके उन्होंने दूसरी पहाड़ी पट्टी पर भी शत्रु-सेना को खदेड़ा और वहाँ भी उतना ही घमासान युद्ध हुआ। भीषण मार-काट के पश्चात् वहाँ से भी उन्हें शत्रु-सेना को खदेड़ने में सफलता मिली। वहाँ अपने साथियों की लाशें छोड़कर शत्रु-सेना अपने मुख्य शिविर में पहुँच गई और सोचा कि हम अपने घर में सुरक्षित हैं। ले. रनजोधा सिंह और उनके साथियों का मन अभी युद्ध करते भरा नहीं था। उन्होंने शत्रु के मुख्य शिविर पर भी धावा बोल दिया और एक भी शत्रु सैनिक को जीवित नहीं बचने दिया। इस प्रकार उन्होंने अपने शहीद साथियों का भरपूर बदला चुका लिया। भारी मात्रा में गोला-बारूद और खाद्य-सामग्री उनके हाथ लगी। उन्होंने क्लंग-क्लंग चौकी पर स्थित अपने साथियों के प्राणों की रक्षा की और चौकी को शत्रु के हाथों में जाने से बचा लिया।

□

गजब की वीरता दिखाई अजायब सिंह ने

अंग्रेजी सेना ने अपने जासूसों से पता लगा लिया कि माईथून खूनो में स्थित आजाद हिंद फौज की संख्या बहुत कम है और उसे आसानी से दबोचा जा सकता है। उस क्षेत्र में 'सी फोर्थ हाईलैंडर्स' नाम की एक स्कॉटिश सेना थी। अपनी कारगुजारी दिखाने के लिए उस स्कॉटिश सेना ने आजाद हिंद फौज की एक अग्रिम कंपनी पर भारी तोपखाने के साथ भयंकर आक्रमण कर दिया। शत्रु-सेना की संख्या आजाद हिंद फौज की संख्या से दस गुना अधिक थी। उस क्षेत्र में आजाद हिंद फौज की कमान अजायब सिंह नाम के एक युवक सेकेंड लेफ्टिनेंट के पास थी, जो 'ऑफीसर्स ट्रेनिंग स्कूल' से प्रशिक्षण प्राप्त करके हाल ही में वहाँ पहुँचा था। ले. अजायब सिंह के पास अनुभवी नियमित सैनिकों के स्थान पर दक्षिण भारत के तमिल-भाषी सैनिकों का दल था। अंग्रेज लोग दक्षिण भारत के लोगों को कभी अपनी सेना में भरती नहीं करते थे। वे उन्हें 'नॉन वारियर रेस' मानकर शांति-प्रिय कहकर पुकारते थे। नेताजी सुभाषचंद्र बोस ने तमिलों को अपनी सेना में भरती करके, उन्हें अच्छे लड़ाकू योद्धा सिद्ध कर दिया था। उन्होंने तमिल लड़कियों को भी रानी झाँसी रेजीमेंट में भरती किया था।

दोनों ओर के सैनिक जान हथेलियों पर रखकर लड़ते रहे। आक्रमण स्कॉटिश सेना ने किया था, इसलिए वह पराजित होकर नहीं लौटना चाहती थी। उसको यह भी पता था कि उसका मुकाबला अजायब सिंह से है, इसलिए वह पूरी शक्ति के साथ युद्ध कर रही थी। इधर गांधी ब्रिगेड के इस दल को गोरे सैनिकों के साथ युद्ध करने का पहला अवसर था, इसलिए उन्हें देखते ही उनका खून खौल उठा। गोरे सैनिक लड़ते-लड़ते गांधी ब्रिगेड के सैनिकों की खाइयों के बिलकुल निकट पहुँच गए, मगर उन्हें तगड़ी मार खाकर पीछे लौटना पड़ा। अपनी संख्या कम होते देखकर गोरे सैनिकों ने पीठ दिखाकर भागने में ही अपनी खैर समझी।

ले. अजायब सिंह की युद्ध की इच्छा अभी पूरी नहीं हुई थी। अभी तो उसका खून गरम ही हुआ था। वह गोरे सैनिकों के मिथ्या जातीय गर्व को चूर-चूर कर देना चाहता था। ज्योंही स्कॉटिश सेना पीठ दिखाकर पीछे हटी, ले. अजायब सिंह अपने दल के साथ बाहर कूद पड़े और स्कॉटिश सेना के मुख्य शिविर पर धावा बोल दिया। स्कॉटिश सेना के जो सैनिक मृत में या घायल अवस्था में पड़े थे, उनके हथियार छीनकर ले. अजायब सिंह के सैनिक शत्रु पर टूट पड़े। अब स्कॉटिश सेना खाइयों में थी और आजाद हिंद फौज बाहर।

ले. अजायब सिंह ने चुनौती के स्वर में शत्रु-सेना को ललकारा, ''अगर मर्द के बच्चे हो तो अपने दड़बे छोड़कर बाहर आ जाओ और नेताजी सुभाषचंद्र बोस के सैनिकों के साथ दो-दो हाथ करो, नहीं तो चूड़ियाँ पहन लो और दया की भीख माँगो।''

गोरे सैनिक व्यंग्य-बाणों को सुनकर तिलमिला गए और बाहर निकल पड़े। दोनों सेनाओं में जमकर युद्ध हुआ। ले. अजायब सिंह के सैनिकों ने 'मियाँ की जूती, मियाँ के सिर' कहावत चरितार्थ करते हुए उन्हीं से छीने गए हथगोलों और राइफलों का प्रयोग किया। लड़ाई संध्या तक चलती रही। स्कॉटिश सेना के पचास सैनिक मारे गए, जबकि अजायब सिंह के केवल दस सैनिक ही खेत रहे। संध्या हो जाने के कारण अंग्रेज सैनिक फिर दड़बों में छिप गए। इस प्रकार ले. अजायब सिंह ने बता दिया कि नेताजी के सैनिकों से उलझने के पहले गोरी सेना को अच्छी तरह से सोच लेना चाहिए।

ले. अजायब सिंह को नेताजी ने 'सरदारे-जंग' के अलंकरण से सम्मानित किया।

□

मुक्तिवाहिनी का राणा साँगा कैप्टेन मनसुख लाल

अंग्रेजी सेना को गांधी ब्रिगेड के हाथों खाई हुई मात का काँटा खटक रहा था। वास्तविक बात तो यह थी कि उस क्षेत्र में गांधी ब्रिगेड का अस्तित्व ही उसको खटक रहा था। खटकनेवाले इस काँटे को निकाल फेंकने के लिए एक दिन सुसज्जित अंग्रेजी सेना ने गांधी ब्रिगेड पर जोरदार हमला बोल दिया। अंग्रेजी सेना के बचाव के लिए सुसज्जित तोपखाना सदैव पीछे रहता था। आवश्यकता के अनुरूप उसके बमवर्षक भी उसके साथ चलते थे। गांधी ब्रिगेड पर यह आक्रमण स्कॉटिश सी फोर्थ हाईलैंडर्स ही कर रहे थे। स्कॉटिश सैनिकों की संख्या तीन हजार थी, जबकि उनके मुकाबले में आजाद हिंद फौज के सैनिकों की संख्या छह सौ ही थी। स्कॉटिश सेना ने आजाद हिंद फौज को घेर लिया। घिरनेवालों में ब्रिगेड कमांडर इनायत जान कियानी भी थे।

कर्नल कियानी ने अनुभव किया कि जब तक ऊँची पहाड़ियों में से किसी एक पर अधिकार नहीं किया जाएगा तब तक आजाद हिंद फौज की खैर नहीं। कर्नल कियानी ने कैप्टेन मनसुख लाल को आदेश दिया कि अपने प्लाटून को लेकर जाएँ और पास की पहाड़ी पर स्थित अंग्रेजी सेना को परास्त कर उस पहाड़ी पर कब्जा करें। कैप्टेन मनसुख लाल के प्लाटून में केवल तीस सैनिक ही थे। उनके पास तोपखाना भी नहीं था, फिर भी आदेश मिलते ही वे चल पड़े। शत्रु-सेना पहाड़ी के ऊपर थी और कैप्टेन मनसुख लाल का प्लाटून नीचे। जब उनका प्लाटून पहाड़ी की चोटी के निकट पहुँचा तो शत्रु को उनकी हलचल का पता चल गया और उसने गोली-वर्षा प्रारंभ कर दी। गांधी ब्रिगेड के सैनिक भी गोलियों का उत्तर गोलियों से देते हुए पहाड़ी की चोटी की ओर बढ़ने लगे। उनमें से कुछ ने वीरगति भी प्राप्त की। स्वयं कैप्टेन मनसुख लाल के शरीर पर गोलियों के सत्रह

घाव लगे। उनके पैर लड़खड़ाने लगे और उन्हें बेहोशी आने लगी। उन्हें गिरता हुआ देखकर उनके सैनिक उन्हें सँभालने के लिए उनकी तरफ बढ़े। सैनिकों को अपनी ओर आता हुआ देखकर कैप्टेन मनसुख लाल गरजे, ''युद्ध में एक आदमी के मरने या बच जाने से युद्ध के परिणाम पर कोई प्रभाव नहीं पड़ता। मेरी चिंता छोड़ो और लपककर पहाड़ी की चोटी पर कब्जा करो। मैं न बच सका तो क्या, पहाड़ी को अपने अधिकार में ले लेने से पूरा ब्रिगेड तो बच जाएगा।''

प्लाटून के सैनिक अपने अफसर की ललकार सुनकर ताव खा गए। उनका हौसला बढ़ाने के लिए कैप्टेन मनसुख लाल खून से लथपथ होने पर भी उनके साथ हो लिये। गांधी ब्रिगेड के सैनिक चमचमाती हुई नंगी संगीनें लेकर शत्रु-सेना पर पिल पड़े और उनकी छातियाँ छेद डालीं। इतनी भयंकर मार के लिए शत्रु तैयार नहीं था। वह पीठ दिखाकर भाग खड़ा हुआ। पहाड़ी पर गांधी ब्रिगेड का अधिकार हो गया। वहाँ अपनी स्थिति जमा लेने के कारण शेष साथियों की रक्षा के लिए एक अच्छा स्थान मिल गया।

प्लाटून के कुछ सैनिक चौकी की रक्षा के लिए वहीं रह गए और कुछ सैनिक गंभीर रूप से घायल अपने प्लाटून-कमांडर कैप्टेन मनसुख लाल को अपने कंधों पर लादकर अस्पताल-शिविर खोजने के लिए चल पड़े। यह दल जंगल में अपना रास्ता भूल गया। कैप्टेन मनसुख लाल ने उन्हें समझाया भी कि तुम लोग मुझे अपने भाग्य-भरोसे छोड़कर अपने शिविर का रास्ता पकड़ लो। उनके सैनिक उन्हें असहाय अवस्था में छोड़कर जाने को तैयार नहीं थे। ऐसी स्थिति में जापानी सैनिक अपने घायल साथियों को गोली मारकर आगे बढ़ जाया करते थे।

कैप्टेन मनसुख लाल के साथी उन्हें तीन-दिनों तक जंगल में लेकर घूमते रहे। उन्हें खाने-पीने को भी नहीं मिला। मनसुख लाल के घावों में कीड़े पड़ गए। कुछ झाड़ियों की पत्तियाँ पीस-पीसकर घावों पर लगाई गईं, पर कोई लाभ नहीं। आखिरकार, एक चिकित्सा शिविर में पहुँचने में उन्हें सफलता मिल ही गई।

इधर नेताजी ने सभी चिकित्सा शिविरों को यह आदेश प्रसारित कर दिया था कि यदि किसी चिकित्सा शिविर में कैप्टेन मनसुख लाल पहुँचें, तो मुझे तत्काल सूचित किया जाय। संबंधित चिकित्सा शिविर द्वारा कैप्टेन मनसुख लाल के आगमन का समाचार नेताजी के पास भेज दिया गया। नेताजी वहाँ पहुँचे और उन्होंने कैप्टेन को आजाद हिंद फौज का 'राणा साँगा' कहकर पुकारा। जब वे स्वस्थ हो गए तो एक समारोह का आयोजन कर नेताजी ने कैप्टेन मनसुख लाल को 'सरदारे-जंग' और 'शेरे-हिंद' दोनों उपाधियाँ प्रदान कीं। आजाद हिंद फौज में ये दोनों अलंकरण केवल कैप्टेन मनसुख लाल को ही मिले थे। □

नायक मोलर सिंह की शहादत

कलादान क्षेत्र में अंग्रेजी सेना सक्रिय हो गई थी और आजाद हिंद फौज से उसकी झड़पें आएदिन होती रहती थीं। वह सन् १९४४ की एक संध्या थी, जब दोनों सेनाओं में इस प्रकार की झड़प हो गई। अंग्रेजी सेना ने एक मशीनगन ऐसी स्थिति में अड़ा रखी थी कि उसके कारण आजाद हिंद फौज संकट में थी। वह मशीनगन निरंतर मार कर रही थी और आजाद हिंद फौज को आगे बढ़ने से रोके हुई थी। उसे हटाना बहुत आवश्यक था; पर ऐसा करने में कुछ वीरों को अपनी जान से हाथ धोने पड़ते। नायक मोलर सिंह ने यह बीड़ा उठाया और अंग्रेजी मशीनगन हटाने के लिए चल पड़े।

मोलर सिंह पेट के बल जमीन पर सरक-सरककर आगे बढ़ा। जब उसने देखा कि पेट के बल आगे सरकने में गोलियाँ उसके सिर को छेद देंगी और वह मशीनगन तक पहुँच भी नहीं पाएगा तो वह उठकर मशीनगन की तरफ झपट पड़ा। गोलियाँ उसके पेट और सीने में लग रही थीं। उनको झेलता हुआ वह मशीनगन तक जा पहुँचा और उसका रुख उसने अंग्रेजी सेना की ओर कर दिया। अब उसकी मार से अंग्रेज सैनिक मरने लगे। लेकिन ऐसा करने के क्रम में मोलर सिंह की छाती छलनी हो चुकी थी। 'जय हिंद' के नारे के साथ उसकी जीवन-लीला समाप्त हो गई। वीर विदा हो गया, पर अपने साथियों की जान बचाकर विजय का मार्ग प्रशस्त कर गया।

नेताजी सुभाष ने उस परम वीर को मरणोपरांत 'शहीदे-भारत' अलंकरण से सम्मानित किया।

□

हवलदार रनजीत की वीरता और शहादत

आजाद हिंद फौज में भी भारतीय सैनिक थे और अंग्रेजों की ओर से लड़नेवाली फौज में भी। ये लोग एक-दूसरे को तोड़कर अपनी ओर मिलाने का प्रयत्न किया करते थे। इसी क्रम में नं. १ बहादुर ग्रुप के हवलदार रनजीत सिंह को यह कार्य सौंपा गया कि अंग्रेजी सेना में जाकर उसके भारतीय सैनिकों को अपनी ओर मिलाए। हवलदार रनजीत सिंह हाका से फालम क्षेत्र जा पहुँचा। वह वहाँ पहुँचे, उसके पूर्व ही उसके उद्देश्य की भनक अंग्रेजी फौज को लग गई और उसें जीवित पकड़ने के लिए गोरे सैनिकों ने जाल बिछाया। छब्बीस गोरे सैनिकों ने रनजीत सिंह को चारों ओर से घेर लिया और उसे समर्पण के लिए ललकारा। यह सुनकर रनजीत सिंह ठहाका मारकर हँसते हुए बोला, ''नेताजी सुभाषचंद्र बोस के सैनिक शत्रु के सामने हथियार नहीं डाला करते। वे मौत को गले लगा सकते हैं, पर समर्पण नहीं कर सकते।'' यह कहते हुए हवलदार रनजीत सिंह ने फुरती के साथ अपनी टॉमी गन घूम-घूमकर चारों तरफ चलानी प्रारंभ कर दी। उसने कई गोरों को मार डाला और कइयों को घायल कर दिया। गोरे सैनिकों ने भी उसपर गोलियों की बौछार प्रारंभ कर दी। उसपर कई गोलियाँ एक साथ आकर लगीं। इस प्रकार आजाद हिंद फौज और नेताजी सुभाषचंद्र बोस का नाम ऊँचा करता हुआ वह विकट वीर कई गोरों को मारकर स्वयं शहीद हो गया।

नेताजी सुभाषचंद्र बोस ने उस परम वीर को मरणोपरांत 'शहीदे-भारत' तथा 'मेडल-शत्रुनाश' से अलंकृत किया।

□

ले. कुंदन सिंह की शहादत

युद्ध के दौरान एक-दूसरे के पुल उड़ाना और सड़कें नष्ट करने के काम प्राय: होते ही रहते हैं। इससे शत्रु का आवागमन ठप्प हो जाता है और विजय का मार्ग अवरुद्ध हो जाता है। ले. कुंदन सिंह को भी ऐसा ही दायित्व दिया गया था।

मार्च १९४४ के दिन थे। ले. कुंदन सिंह के दल ने वीरता के कई काम करके दिखाए थे। उस पर भरोसा करके एक बहुत बड़ा काम उसको सौंपा गया था। आजाद हिंद फौज के शिविर से लगभग एक सौ पंद्रह किलोमीटर दूर एक पुल था, जिसपर शत्रु का अधिकार था। उस पुल को पार करके आजाद हिंद फौज पर आक्रमण करने की योजना शत्रु-सेना ने बनाई थी। ले. कुंदन सिंह को यह दायित्व दिया गया कि वह उस पुल को उड़ाकर अंग्रेजी सेना के आक्रमण को विफल करे।

ले. कुंदन सिंह अपने दल को लेकर चल पड़े। जगह-जगह अंग्रेजी सेना के रक्षक उस पूरे क्षेत्र में पहरा दे रहे थे। उन्हें चकमा देता हुआ ले. कुंदन सिंह का दल पुल तक पहुँचने में सफल हो गया और पुल को ध्वस्त करने का काम प्रारंभ कर दिया। इस बीच शत्रु के एक रक्षक-दल की दृष्टि उसपर पड़ गई और उसने इस दल पर गोलियों की बौछार करनी प्रारंभ कर दी। गोलियों की बौछारों में भी ले. कुंदन सिंह ने विस्फोटक रखने का काम रोका नहीं। इधर धमाके के साथ पुल ध्वस्त हुआ और उधर ले. कुंदन सिंह की जीवन-लीला भी समाप्त हो गई। उनके चेहरे पर खिली हुई मुसकान देखने लायक थी। वह मुसकान उनके आंतरिक हर्ष और कर्तव्य-पूर्ति के आनंद की द्योतक थी।

मरणोपरांत ले. कुंदन सिंह को 'शहीदे-भारत' का सम्मान मिला।

□

सब-ऑफीसर गुरुबचन सिंह की वीरता

आजाद हिंद फौज को बर्मा के लोगों से बहुत सहयोग मिल रहा था और वे भी अपनी जान की बाजी लगाकर शत्रुओं और डाकुओं से बर्मा के लोगों की रक्षा कर रहे थे। एक बार बर्मा के मल्लाह सब-ऑफीसर गुरुबचन सिंह को अपनी नाव में बिठाकर नदी पार करा रहे थे कि अंग्रेजों की मित्र सेना के अमेरिकी सैनिकों ने गुरुबचन सिंह की नाव पर हमला बोल दिया। हमला करनेवाले अमेरिकी सैनिकों की संख्या तेरह थी और वे सब-ऑफीसर गुरुबचन सिंह को जीवित गिरफ्तार करना चाहते थे। उनके इरादों को भाँपकर गुरुबचन सिंह पानी में कूद पड़े और नाव के पिछले भाग में कभी पानी में गोता लगाते और कभी उछलकर शत्रु सैनिकों पर अपनी पिस्तौल से गोलियाँ दागने लगते। उन्होंने कुछ शत्रु सैनिकों को घायल भी कर दिया। एक राउंड गोलियाँ समाप्त होने के पश्चात् बड़ी कठिनाई से उन्होंने अपनी पिस्तौल में दुबारा गोलियाँ भरीं और दुश्मन पर चलाने लगे। वे एक हाथ से नाव को पकड़े हुए थे और दूसरे से गोलियाँ चला रहे थे।

अमेरिकी सैनिकों ने पहला काम यह किया कि किसी वस्तु से दो मल्लाहों के सिर पर आघात करके उन्हें बेहोश कर दिया। फिर उनमें से एक ने गुरुबचन सिंह के उस हाथ को गोली का निशाना बनाया, जिससे वे उनपर गोलियाँ चला रहे थे। गोली गुरुबचन सिंह की हथेली पार कर गई, फिर भी उस वीर ने अपनी पिस्तौल नहीं छोड़ी और वह शत्रु-सैनिकों पर गोलियाँ चलाता रहा। आजाद हिंद फौज के प्रलय-वीर की गोलियों का वे लोग सामना न कर सके और अपनी नाव से भाग खड़े हुए। बड़ी मुश्किल से गुरुबचन सिंह अपनी नाव पर सवार हो सके; क्योंकि बेहोश हो जाने के कारण दोनों नाविक नाव में चढ़ाने में उनकी सहायता नहीं कर सकते थे। उनका एक हाथ बहुत जख्मी हो गया था और दूसरे हाथ से जोर लगाने पर नाव पलट जाने का डर भी था। बड़ी मुश्किल से वे नाव पर चढ़

सके। नाव पर चढ़कर उन्होंने देखा कि पाँच अमेरिकी सैनिकों की लाशें नदी में तैर रही थीं। एक हाथ से नाव चलाकर वे किसी प्रकार किनारे लगे।

नेताजी सुभाषचंद्र बोस ने 'वीर-ए-हिंद' और 'तमगा-ए-शत्रु-नाश नं. १' से सब-ऑफीसर गुरुबचन सिंह को सम्मानित किया।

□

हवलदार एल.एन. बोस की वीरता

शत्रु का एक दस्ता विशनपुर क्षेत्र में बड़ा आतंक मचाए हुए था। उसकी तोपें उस क्षेत्र से निकलनेवाली आजाद हिंद फौज की टुकड़ियों पर निरंतर अग्निवर्षा करती रहती थीं। यह पता लगाना आवश्यक था कि वहाँ शत्रु की संख्या कितनी है। उसके पश्चात् ही निर्णय किया जा सकता था कि उसे आक्रमण करने के लिए उकसाया जाए।

हवलदार एल.एन. बोस को यह कार्य सौंपा गया। वह गया और गोपनीय रूप से उसने पूरी जानकारी प्राप्त कर ली। जब वह वापस आने को था तो दुश्मन के चार सैनिकों ने उसे घेर लिया और समर्पण के लिए ललकारा। हवलदार बोस के पास हथगोले थे। उसने बड़ी फुरती से एक हथगोला फेंका और सब ओर धुआँ छा गया। उसने दूसरा हथगोला भी छोड़ा। उससे शत्रु-सैनिक इतने भयभीत हो गए कि अपनी जान बचाने के लिए उनके पास भाग खड़े होने के अतिरिक्त और कोई चारा नहीं था।

हवलदार बोस अपना काम करके अपने शिविर में लौट आया और सारी जानकारी अपने दलनायक को दे दी। पाया यह गया कि शत्रु के पास न तो सैनिकों की बड़ी संख्या थी और न लड़ने की तैयारी। वह तो बंदर-भभकी से काम ले रहा था। परिणाम यह हुआ कि योजना बनाकर आजाद हिंद फौज ने उसपर चढ़ाई कर दी और उसे नष्ट-भ्रष्ट कर दिया।

नेताजी सुभाषचंद्र बोस ने हवलदार एल.एन. बोस को 'सनद-ए-बहादुरी' का तमगा प्रदान किया।

□

हवलदार अहमद दीन और नायक तारा सिंह की वीरता

उन दिनों आजाद हिंद फौज और अंग्रेजी सेना के बीच बर्मा के क्षेत्र में युद्ध चल रहा था। दोनों पक्षों के बीच गाँवों की छीना-झपटी हो रही थी। कुछ गाँव कभी एक सेना के अधिकार में चले जाते थे तो कभी दूसरी सेना के अधिकार में।

हवलदार अहमद दीन और नायक तारा सिंह को यह काम दिया गया कि वे अंग्रेजी सेना द्वारा अधिकृत एक गाँव में रहें और उस क्षेत्र में होनेवाली अंग्रेजी सेना की गतिविधियों के समाचार अपने शिविर को भेजते रहें।

वे दोनों ही इस काम में जुट गए। उनका सहारा पाकर आजाद हिंद फौज के बारह सैनिक, एक जापानी सैनिक और दो भारतीय नागरिक भी उस गाँव में रहने लगे। अंग्रेजी सेना को इनकी हलचल का पता चल गया। अतः जिन मकानों में ये लोग रहते थे, उनमें टाइम बम रख दिए गए और उनके ऊपर बमवर्षकों द्वारा बम भी गिराए गए। किंतु इन दोनों ने बड़ी कुशलता के साथ अपने साथियों की रक्षा की।

जब बमबारी हो रही थी तो हवलदार अहमद दीन और नायक तारा सिंह ने पास के मकानों से किसी के चिल्लाने की आवाज सुनी। बम-वर्षा बंद हो जाने के पश्चात् वे दोनों उस मकान में गए और देखा कि जापानी सैनिक घायल पड़ा है। उस जापानी सैनिक ने बताया कि एक खाई में बम-वर्षा से बचने के लिए दोनों भारतीय नागरिक भी छिपे हैं। हवलदार अहमद दीन और नायक तारा सिंह ने घायल जापानी सैनिक को उपचार के लिए एक चिकित्सा शिविर में पहुँचाया और जान का खतरा मोल लेकर भारतीय नागरिकों को बचाया। नेताजी सुभाषचंद्र बोस ने इन दोनों वीरों को 'सनद-ए-बहादुरी' मैडल से सम्मानित किया।

□

सब-ऑफीसर हरी सिंह की वीरता

जापानी सेना का एक दल टिड्डिम-इंफाल रोड पर छिपा हुआ इसलिए बैठा था कि वह अंग्रेजी सेना की लॉरियों को नष्ट करे, जो उधर से गुजरने वाली थीं।

जापानी सेना की सहायता आजाद हिंद फौज का सब-ऑफीसर हरी सिंह कर रहा था। जैसे ही अंग्रेजी लॉरियों का काफिला उस स्थल पर पहुँचा, वहाँ छिपे जापानियों ने उस दल पर गोलियाँ चलाना प्रारंभ कर दिया। इस आक्रमण से हतप्रभ होकर अंग्रेजी लॉरियों के ड्राइवर और उसके रक्षक लॉरियाँ छोड़कर भाग खड़े हुए और फिर निकटवर्ती झाड़ियों में उन्होंने मोरचा ले लिया। सब-ऑफीसर हरी सिंह ने प्रयत्न किया कि अंग्रेजी सेना उन लॉरियों को वापस न ले सके। इतना ही नहीं, वह खाद्य-सामग्री से भरी हुई एक लॉरी को खुद चलाकर अपने क्षेत्र में ले आया। ऐसा करते हुए उसे अंग्रेजी सेना की गोलियों का सामना करना पड़ा। यह घटना १५ मार्च, १९४४ की है।

अप्रैल १९४४ में सब-ऑफीसर हरी सिंह को शत्रु क्षेत्र में अपना प्रचार करने का दायित्व दिया गया। यह काम भी उसने बड़ी खूबी के साथ किया। वह अपना दल लेकर इतनी दूरी तक पहुँच गया, जहाँ से शत्रु शिविर केवल तीन सौ गज के फासले पर था। उस स्थल पर उसने भारत का तिरंगा झंडा फहराया, 'इनकलाब जिंदाबाद' और 'आजाद हिंद जिंदाबाद' के नारे लगाए तथा 'दिल्ली चलो' का नारा भी बुलंद किया। यह सब उसने शत्रु-सेना के भारतीय सैनिकों को ललचाने के लिए किया। उसने यहाँ तक निर्भीकता दिखाई कि शत्रु-सेना को एक कड़ी चेतावनी देकर वह शत्रु शिविर में घुस गया और वहाँ एक लच्छेदार भाषण झाड़कर भारतीय सैनिकों को नेताजी के पक्ष में आने के लिए प्रेरित किया। उसने शत्रु पक्ष के सैनिकों में भावनाओं का उद्वेलन करके उन्हें नेताजी के पक्ष में आने के लिए राजी कर लिया। किसी ने उसपर एक भी गोली नहीं चलाई। शत्रु-सेना में मद्रास

रेजीमेंट का जो दल भूमिगत सुरंगें बिछाने और हटाने का काम करता था, वह आजाद हिंद फौज में आकर मिल गया।

एक अन्य अवसर पर सब-ऑफीसर हरी सिंह को अपने पाँच सैनिकों के साथ एक कठिन कार्य के लिए भेजा गया। दुर्भाग्य यह हुआ कि उसके सभी साथी एक बहुत बड़े ब्रिटिश दल के द्वारा घेर लिये गए और उन्हें समर्पण के लिए ललकारा गया। हरी सिंह के दल ने समर्पण करने के स्थान पर युद्ध करना प्रारंभ कर दिया। उन्होंने शत्रु को काफी पीछे हटा भी दिया। लड़ते-लड़ते उनकी युद्ध सामग्री समाप्त हो गई। फिर भी उन्होंने समर्पण नहीं किया और झाड़ियों में छिप-छिपकर लोप हो गए और फिर सकुशल अपने शिविर में पहुँच गए।

नेताजी सुभाषचंद्र बोस ने सब-ऑफीसर हरी सिंह को 'शेरे-हिंद' की उपाधि से अलंकृत किया।

□

मेजर प्रीतम सिंह की वीरता

युद्ध में जन-हानि तो दोनों पक्षों की होती है, पर कुशल कमांडर अपनी सेना में जन-हानि कम-से-कम होने देता है और शत्रु-सेना को अधिक-से-अधिक जन-हानि पहुँचाता है। अवसर आने पर यही किया मेजर प्रीतम सिंह ने।

सन् १९४४ के मई के महीने में मेजर प्रीतम सिंह को यह दायित्व दिया गया कि वे शत्रु-सेना में प्रवेश करके उसे पीछे धकेलें और उसके मनोबल को गिराएँ। मेजर प्रीतम सिंह अपने दल को साथ लेकर शत्रु-सेना को चीरने के लिए चल पड़े।

मेजर प्रीतम सिंह ने भयंकर युद्ध करके शत्रु-सेना को काफी पीछे ठेल दिया, पर उन्हें यह पता नहीं था कि शत्रु-सेना की संख्या उनसे कहीं अधिक है, उसके पास युद्ध सामग्री भी प्रचुर मात्रा में और उत्तम कोटि की है। परिणाम यह हुआ कि आगे बढ़ने के उत्साह में उनका दल तीन तरफ से घेर लिया गया और उसपर भयंकर गोली-वर्षा होने लगी। मेजर प्रीतम सिंह ने अपने दल को पीछे हटने का आदेश दिया और यह सब इस प्रकार संपन्न किया कि उनके दल के बहुत कम लोग मारे गए, जबकि मरनेवाले शत्रु-सैनिकों की संख्या उनसे चौगुनी थी। वे अपने दल को शिविर में लाने में सफल हो गए।

नेताजी सुभाषचंद्र बोस ने इस वीरता और कुशल नेतृत्व के लिए मेजर प्रीतम सिंह को 'सरदार-ए-जंग' का सम्मान प्रदान किया।

□

ले. लाल सिंह और ले. कपूर सिंह की वीरोचित शहादत

२ मई, १९४४ को ले. लाल सिंह और ले. कपूर सिंह का दल शत्रु के क्षेत्र में काफी आगे पहुँच गया। व्यक्तिगत रूप से ये दोनों वीर शत्रु शिविर के बिलकुल निकट पहुँच गए। वहाँ पहुँचकर उन्होंने देखा कि कँटीले तारों के घेरे के अंदर एक गोरखा सैनिक पहरा दे रहा था। गोरखा सैनिक ने कपटपूर्ण स्वर में कहा, ''अंदर आ जाइए, आप तो हमारे मित्र हैं।''

दोनों वीरों ने उसका विश्वास कर लिया और अंदर पहुँच गए। वहाँ एक गोरखा ऑफीसर भी था। उसने पूछा, ''आप लोग क्या चाहते हैं?''

आजाद हिंद फौज के वीरों ने कहा, ''हम अपने अंग्रेज शत्रु का रक्त चाहते हैं।'' ठीक उसी समय ले. लाल सिंह ने देखा कि दो गोरे अफसर आक्रमण की मुद्रा में उनकी ओर लपक रहे हैं। एक क्षण का विलंब किए बिना ही ले. लाल सिंह उन दोनों पर कूद पड़ा। गोरखा अफसर ने ले. लाल सिंह को रोकना चाहा, पर उसका वार बचाकर ले. लाल सिंह ने अपनी संगीन एक अंग्रेज अफसर की छाती में घुसेड़ दी। वह दूसरे गोरे अफसर को भी मारना चाहता था, पर ऐसा करने में उसे स्वयं अपनी जान से हाथ धोना पड़ा।

इस बीच ले. कपूर सिंह भी खामोश नहीं था। उसकी रिवॉल्वर निरंतर गोलियाँ उगलकर शत्रु-सैनिकों को भूनती रही। उसने उस गोरखा सैनिक को भी मार दिया, जिसने उन्हें जाल में फँसाया था। वह अकेला कई शत्रुओं से युद्ध कर रहा था। अंत में लड़ते-लड़ते उसने भी वीरगति प्राप्त कर ली।

नेताजी सुभाषचंद्र बोस ने मरणोपरांत इन दोनों वीरों को 'वीर-ए-हिंद' और 'तमगा-ए-शत्रुनाश' से सम्मानित किया।

□

कर्नल रामस्वरूप की वीरता

कर्नल रामस्वरूप आजाद हिंद फौज के बहुत पुराने और अनुभवी योद्धा थे। जिस समय जनरल मोहन सिंह आजाद हिंद फौज के कमांडर थे, उस समय भी कर्नल रामस्वरूप उनके साथ थे। जब सन् १९४३ में नेताजी सुभाषचंद्र बोस ने आजाद हिंद फौज का पुनर्गठन किया तो उन्हें भी कर्नल रामस्वरूप ने अपनी अनुभवी सेवाएँ प्रदान कीं।

फरवरी १९४४ में कर्नल रामस्वरूप हाका-फालम क्षेत्र में आजाद हिंद फौज के एक दल का नेतृत्व कर रहे थे। उनके इस दल ने शत्रु क्षेत्र के काफी अंदर तक प्रवेश किया और उसे भारी क्षति पहुँचाई। एक बार लड़ते-लड़ते वे शत्रु क्षेत्र के काफी अंदर तक चले गए और अपने दल से बिछुड़ गए। उनकी युद्ध-सामग्री भी समाप्त हो गई और उनके पास एक खाली पिस्तौल रह गई। किंतु संकट के इस समय भी उन्होंने बहुत सूझ-बूझ से काम लिया। उन्होंने देखा कि अंग्रेजी सेना के भारतीय सैनिक अपना मोरचा लिये हुए उन्हें घेरने की तैयारी कर रहे हैं। बहुत निर्भीकता से वे स्वयं उनके बीच चले गए और दुआ-सलाम के पश्चात् अपनी लच्छेदार बातों से उन सबको आजाद हिंद फौज में मिल जाने के लिए प्रेरित किया। उन्होंने ऐसा भावनात्मक भाषण दिया कि अंग्रेजी सेना की पूरी यूनिट उनके साथ हो ली और उसे साथ लेकर वे नेताजी की सेवा में उपस्थित हो गए।

इस वीरोचित कार्य के लिए कर्नल रामस्वरूप को नेताजी सुभाषचंद्र बोस ने 'सरदार-ए-जंग' की उपाधि से विभूषित किया।

□

कैप्टेन गणेशीलाल की वीरता

युद्ध करते हुए वीरों में जोश आ जाना बहुत सहज बात होती है। युद्ध करते हुए उनके शरीर का खून गरम हो जाता है और उस समय उनके शरीर के अंग कट गिरें, तो उन्हें पता ही नहीं चलता और काम पूरा किए बिना वे मैदान नहीं छोड़ना चाहते। ऐसा ही उदाहरण प्रस्तुत किया कैप्टेन गणेशीलाल ने।

मार्च १९४४ में कर्नल एस.ए. मलिक के नेतृत्व में कैप्टेन गणेशीलाल जासूसी का काम कर रहे थे। उन्हें यह दायित्व दिया गया कि सीता-हिल के पास सिल्चर क्षेत्र में एक अंग्रेजी चौकी पर आक्रमण करके उसपर अधिकार करें। मात्र साठ जवानों को लेकर कैप्टेन गणेशीलाल उस चौकी पर अधिकार करने के लिए चल पड़े।

जब कैप्टेन गणेशीलाल उस चौकी के निकट पहुँच गए तो पाया कि चौकी को कँटीले तारों ने घेर रखा है। उनके दल का एक भाग शत्रु के साथ गोली-बारी में उलझ गया। जहाँ गणेशीलाल थे वहाँ शत्रु ने एक बारूदी सुरंग बिछा रखी थी। वह सुरंग फट गई और कैप्टेन गणेशीलाल का सीधा हाथ व एक पैर जख्मी हो गया। अपनी जान की चिंता न करते हुए रक्त से लथपथ वे रेंग-रेंगकर आगे बढ़ते रहे। अपने सैनिक साथियों को भी उत्साहित करते रहे और अंततः उस चौकी पर अधिकार करने में सफल हो गए।

नेताजी ने इस वीरोचित कार्य के लिए कैप्टेन गणेशीलाल को 'तमगा-ए-बहादुरी' सम्मान प्रदान किया।

□

कर्नल जी.एस. ढिल्लन की कर्तव्य-परायणता

कर्नल गुरुबख्श सिंह ढिल्लन (अब पद्‌म-भूषण) उस महान् व्यक्ति का नाम है, जिसने युद्धक्षेत्र में कभी अभावों की शिकायत न करते हुए अपने कर्तव्य को प्रधानता दी और कठिन-से-कठिन कार्य भी पूरा करके दिखाया।

जनवरी १९४५ में कुछ अंग्रेजी डिवीजन इरावदी नदी की ओर बढ़ रहे थे और उनमें से एक इरावदी नदी को पार कर के जापान अधिकृत कुछ चौकियाँ छीनना चाहता था। कर्नल ढिल्लन को यह आदेश मिला कि वे २० जनवरी तक इरावदी के किनारे पहुँच जाएँ और अंग्रेजी डिवीजन को नदी पार न करने दें। दुर्भाग्यवश यह आदेश उनको १९ जनवरी को मिला, पर फिर भी आदेश मिलते ही वे अपनी रेजीमेंट लेकर इरावदी नदी की ओर चल पड़े। उन्हें अस्सी मील का फासला तय करना था। यातायात के लिए मोटरगाड़ियाँ नहीं थीं। युद्ध-सामग्री बैलगाड़ियों से ले जानी पड़ी। जब वे रास्ते में ही थे तो उन्हें समाचार मिला कि शत्रु ने इरावदी नदी पार कर ली है। फिर भी वे निराश नहीं हुए और तीव्र गति से झपटते हुए इरावदी के किनारे जा पहुँचे। वहाँ उन्हें मालूम हुआ कि शत्रु ने इरावदी पार नहीं की है, पर उसके कुछ दस्ते वहाँ पहुँच चुके हैं। कर्नल ढिल्लन ने पूरे क्षेत्र का निरीक्षण किया और नं. ७ बटालियन को 'न्यांगू' नामक स्थान पर तैनात किया, जिसके कमांडर ले. हरीराम थे। 'पागन' का क्षेत्र बटालियन नं. ९ को दिया गया, जिनका नेतृत्व कैप्टेन चंद्रभान कर रहे थे। नं. ८ बटालियन को एक गाँव में आरक्षित सेना के रूप में रखा गया।

नेहरू ब्रिगेड के लड़ाकू दस्ते पाकोकू के क्षेत्र में शत्रु की गतिविधियों पर दृष्टि रखने लगे। इसी समय मेजर जागीर सिंह के नेतृत्व में ब्रिगेड की अन्य

टुकड़ियाँ भी आ गईं। उन्होंने मोरचा सँभाल लिया और खाइयाँ खोदने का काम प्रारंभ कर दिया। इसी समय शत्रु पक्ष भी सक्रिय हो उठा और एक ब्रिटिश दस्ता ९ व १० फरवरी की रात को इरावदी पार करके आजाद हिंद फौज के क्षेत्र में घुस आया। कर्नल ढिल्लन के सैनिकों ने यह पूरा-का-पूरा दस्ता साफ कर दिया। इसी समय अंग्रेजी सेना का एक पूरा-का-पूरा डिवीजन इरावदी नदी के दूसरे किनारे पर आकर जम गया और उसने आजाद हिंद फौज को निशाना बनाकर अपनी तोपें अड़ा दीं। आजाद हिंद सैनिकों के पास केवल राइफलें और हलकी स्वचालित बंदूकें थीं। शत्रु ने १० फरवरी को दिन भर गोलाबारी की और रात को उसने इरावदी पार करने का प्रयत्न किया, पर उसे पिटकर पीछे हटना पड़ा।

कर्नल ढिल्लन को अपने सैनिक दस्तों से संपर्क स्थापित करने में बड़ी कठिनाई हो रही थी। यातायात का कोई भी साधन उनके पास नहीं था। न उनके पास वायरलेस सेट थे और न टेलीफोन। वे अपना संदेश भेजने के लिए अपने आदमियों को ही इधर-उधर दौड़ा रहे थे या वे स्वयं दौड़ रहे थे। फिर भी उन्होंने बहुत साहस का परिचय दिया और दौड़-भाग करके अपनी बिखरी हुई सेना को संगठित कर लिया।

कर्नल ढिल्लन की शत्रु-सेना से कई बार मुठभेड़ें हुईं और शत्रु-सेना को हर बार पिटकर पीछे हटना पड़ा।

□

कैप्टेन चंद्रभान का आतंक

१३ और १४ फरवरी की रात को अंग्रेजी सेना ने इरावदी नदी को पार करने का फिर प्रयत्न किया। इस बार भी पूरी तैयारी के साथ उसने भयानक आक्रमण किया। उसने अपनी सभी तोपों के मुँह आजाद हिंद फौज की तरफ खोल दिए। दहकती हुई तोपों के सहारे शत्रु-सेना ने मोटरबोटों के द्वारा इरावदी नदी पार करने का प्रयत्न किया। आजाद हिंद फौज के जवान भी संकल्पित थे कि वे शत्रु को नदी पार नहीं करने देंगे। गोलों की चिंता न करके वे दुश्मन से भिड़े रहे। रात भर शत्रु-सेना चील-झपट्टा करती रही, पर हर बार उसे मार खाकर पीछे हटना पड़ा।

सबसे अधिक भयंकर लड़ाई पागन क्षेत्र में हुई, जहाँ कैप्टेन चंद्रभान ने बहुत अच्छी स्थिति पर अपनी मशीनगनें जमा रखी थीं। इस मोरचे पर जो अंग्रेजी सेना नदी पार करना चाह रही थी, वह लंकाशायर के टॉमी लोगों की थी। अंग्रेजों को देखते ही कैप्टेन चंद्रभान का खून खौल उठा। जब टॉमी लोगों की फौज मोटर-बोटों में बैठकर नदी पार करने लगी तो कैप्टेन चंद्रभान की मशीनगनें शांत रहीं और उन्होंने शत्रु की बोटों को बीच धार में आ जाने दिया। जब वे बोटें इतनी निकट आ गईं कि उनपर अच्छी तरह से निशाना साधा जा सकता था तो अचानक मशीनगनों के मुँह खोल दिए गए। बोटों में बैठे हुए टॉमी सैनिक पटापट भुनने लगे। बोटों में इतनी खलबली मची कि टॉमियों से भरी हुई बीस बोटें इरावदी नदी में डूब गईं। कुछ बोटों के गोरों ने तो अपने प्राण बचा लिये, पर उनमें सवार कई गोरे मारे गए। एक अंग्रेज अफसर तो इतना घबरा गया कि जान बचाने के लिए उसने अपनी राइफल नदी में फेंक दी। यहाँ तक कि उसने अपनी पैंट भी नदी में फेंक दी। केवल अधोवस्त्र पहने नदी में कूद पड़ा और तैरकर किनारे जा लगा।

१४ फरवरी की सुबह शत्रु-सेना ने अपनी पराजय का बदला लेने का संकल्प किया। सुबह होते ही ब्रिटिश वायुयानों का दल आजाद हिंद फौज पर टूट पड़ा।

उसने भयंकर गोलाबारी प्रारंभ कर दी। दूसरे किनारे पर स्थित तोपखाना भी सक्रिय हो उठा और उसके गोले आजाद हिंद फौज को निशाना बनाने लगे। आजाद हिंद फौज के सैनिक अपनी खाइयों में दुबके रहे। ज्यों ही कोई शत्रु-यान उनके निकट पहुँचता, वे अपनी राइफलों से ही उनपर गोलियाँ दागने लगते। इस प्रकार उन्होंने कई ब्रिटिश यान मार गिराए।

खिसियाई हुई शत्रु-सेना ने आजाद हिंद फौज को छोड़कर जापानी सेना पर आक्रमण कर दिया और उनसे एक चौकी छीनकर वहाँ अपना अड्डा जमा लिया। उसके सहारे बहुत बड़ी संख्या में उनकी सेना नदी पार करने में सफल हो गई।

□

आजाद हिंद फौज का योद्धा : बाबूराव परांजपे

युद्ध की भीषण विभीषिका की कल्पना घर बैठे नहीं की जा सकती। भुक्त-भोगी लोग भी उसकी स्मृति मात्र से ही सिहर उठते हैं। जब शत्रु के दैत्याकार विमान भयंकर गर्जना करते हुए घरों और लोगों के सिरों पर मँडरा रहे हों; जब वे बमों और गोलियों की वर्षा से हाहाकार और चीत्कार के स्वर गुंजायमान कर रहे हों; जब उनकी अग्नि-वर्षा के फलस्वरूप धू-धू करके घर जल रहे हों और ध्वस्त होकर गिर रहे हों; जब आश्रय की खोज में चीत्कार करती हुई नारियाँ इधर-उधर भाग रही हों; जब वृद्ध और अशक्त जन भाग न पाने की स्थिति में गिर-गिर पड़ रहे हों; जब असहाय और रोते-बिलखते बच्चे अपने माता-पिताओं को पुकारते हुए इधर-उधर भटक रहे हों तथा जब बमों और गोलियों के प्रहार से खून की होली मची हो, उस समय एक ऐसा माहौल पैदा हो जाता है, जिसमें अच्छे-अच्छे धैर्यवान् भी धैर्य खो देते हैं और पागलों जैसा व्यवहार करने लगते हैं।

ऐसा ही माहौल देखा था आजाद हिंद फौज के एक योद्धा हवलदार नायक बाबूराव परांजपे ने। अंग्रेजी सेना के बमवर्षक विमान गाँवों और नगरों को तहस-नहस करने में लगे हुए थे। ऐसे ही समय यह कर्तव्य-भार दिया गया हवलदार नायक बाबूराव परांजपे को कि वे बर्मा की राजधानी के बाहर पर्याप्त मात्रा में खाइयाँ खुदवाएँ और शत्रु-यानों द्वारा बमवर्षा के समय नागरिकों को आश्रय प्रदान करें।

श्री परांजपे ने अपने प्राणों को हथेली पर रखकर यह कार्य संपन्न किया। ठीक उसी समय आकाश में ब्रिटिश बमवर्षकों का एक बड़ा समूह क्रोध से भनभनाता हुआ आया और अंधाधुंध गोले और गोलियाँ बरसाने लगा। महिलाएँ

और बच्चे चिल्लाते हुए खाइयों की ओर भागने लगे। स्वयं हवलदार नायक बाबूराव परांजपे के घुटने में गोली लगी और वे एक खाई में गिर पड़े। इस भयंकर अग्नि-वर्षा के आतंक से एक बर्मी महिला को प्रसव हो गया। श्री परांजपे ने अपना लंबा कोट उसके ऊपर डालकर एक अन्य बर्मी महिला को उसकी सहायता के लिए भेजा। वे स्वयं भागकर उस स्थल की ओर पहुँचे, जहाँ लाशों-पर-लाशें बिछी हुई थीं। उन लाशों की ओट लेकर उन्होंने स्वयं को सुरक्षित किया।

□

ले. ज्ञान सिंह की अप्रतिम वीरता और अनुपम बलिदान

कुछ लोग अपने जीवन को स्मरणीय बनाते हैं तो कुछ अपनी मृत्यु को। ले. ज्ञान सिंह ने अपने जीवन और अपनी मृत्यु दोनों को ही चिर-स्मरणीय बनाया।

लगभग पच्चीस वर्ष की आयु, ऊँचा कद, गौर वर्ण, सुगठित शरीर, उन्नत ललाट, धनुषाकार भौंहें, चमकीली और सपनीली आँखें, तलवारनुमा मूँछें और चौड़ा वक्षस्थल—ये थीं उसके प्रभावशाली व्यक्तित्व की कुछ रूप-रेखाएँ।

युवक ज्ञान सिंह ने नेताजी सुभाष के दो नारे सुन रखे थे—'तुम मुझे खून दो, मैं तुम्हें आजादी दूँगा' और 'करो सब निछावर, बनो सब फकीर'। उसने सोचा कि मैं क्या दूँ? धन तो मेरे पास है नहीं, हाँ, ईश्वर ने कृपावंत होकर मुझे अच्छा शरीर और विपुल रक्त दिया है। इसलिए मैं तो अपना समस्त रक्त देकर ही अपने कर्तव्य की पूर्ति करूँगा। इस संकल्प के साथ वह आजाद हिंद फौज में भरती हो गया और नेताजी द्वारा स्थापित सिंगापुर के 'ऑफीसर्स ट्रेनिंग स्कूल' में प्रशिक्षण प्राप्त करके युद्ध के सक्रिय मोरचे पर पहुँच गया। उस मोरचे पर आजाद हिंद फौज की तीन कंपनियाँ तैनात थीं, जिनके नाम 'अ', 'ब' और 'स' थे। 'अ' कंपनी के कमांडर ले. करतार सिंह थे और वह कंपनी 'नलेंग' ग्राम के निकट स्थित थी। 'ब' कंपनी का नेतृत्व ले. ज्ञान सिंह कर रहे थे। 'स' कंपनी आपत्काल के लिए सुरक्षित रखी गई थी।

ले. ज्ञान सिंह की 'ब' कंपनी जिस क्षेत्र में तैनात की गई थी, वह सामरिक दृष्टि से बहुत महत्त्वपूर्ण स्थान था। वह क्षेत्र चौड़ा और सपाट था, जहाँ न तो शत्रु की दृष्टि से बचा जा सकता था और न उसकी अग्नि-वर्षा से। उस क्षेत्र के निकट ही एक उथला और सूखा नाला था, जिसके निकट तीन सड़कों का संगम था। इस मार्ग-संगम से चार मील उत्तर-पश्चिम में १४२३ फीट ऊँची एक पहाड़ी थी। उस

पहाड़ी पर अंग्रेजी सेना का अधिकार था और वहाँ उन्होंने अपना तोपखाना जमा रखा था। वहाँ से वह तोपखाना मार्ग-संगम की रक्षा कर सकता था। ऐसी खतरनाक स्थिति पर 'ब' कंपनी तैनात थी, जो पहाड़ी पर स्थित अंग्रेजी सेना की सीधी मार में थी। 'ब' कंपनी के कमांडर ले. ज्ञान सिंह बहुत बहादुर थे और जिस कंपनी का वे नेतृत्व कर रहे थे उसमें बहुत लोकप्रिय थे। वे अपने सैनिकों से कहा करते थे कि मैं तो आप लोगों के साथ युद्ध में लड़ते-लड़ते ही मरूँगा। उस समय उनकी कंपनी में केवल अट्ठानबे जवान थे। उनके पास भारी या हलकी, किसी प्रकार की भी मशीनगनें नहीं थीं। उनके सैनिकों के पास हलके किस्म की राइफलें और कुछ टैंक-विध्वंसक बम ही थे। अपने साथियों के लिए ले. ज्ञान सिंह का आदेश था कि शत्रु किसी भी प्रकार हमारे क्षेत्र में प्रवेश न कर सके।

ले. ज्ञान सिंह की कंपनी उस क्षेत्र में पिछले दो दिनों से जमी हुई थी, पर शत्रु ने आक्रमण करने का साहस नहीं दिखाया था। १६ मार्च, १९४५ को सादे पहाड़ी पर कैप्टेन खान मोहम्मद के हाथों अंग्रेजी सेना की जमकर पिटाई हुई थी, तो उसका बदला उसने अल्पसंख्यक और सामान्य रूप से सज्जित 'ब' कंपनी से लेना चाहा, जो सीधी अंग्रेजी सेना की मार में पड़ती थी।

१७ मार्च, १९४५ को प्रात:काल से ही अंग्रेजी बमवर्षकों ने भारी बमवर्षा प्रारंभ कर दी और यह प्रयत्न किया कि खाइयों में दुबके हुए आजाद हिंद सैनिकों को वहीं के वहीं मार दिया जाय। घनघोर बमवर्षा के पश्चात् शत्रु की तोपों ने अपने मुँह खोले और गोलों की वर्षा प्रारंभ कर दी। अपने तोपखाने से सहायता प्राप्त करके अंग्रेजी स्थल-सेना बख्तरबंद गाड़ियों में भर-भरकर तीनों सड़कों से 'ब' कंपनी को घेरने के लिए बढ़ चलीं। प्रात: ग्यारह बजे तक अंग्रेजी तोपें आग बरसाती रहीं। साढ़े बारह बजे बढ़ती हुई अंग्रेजी सेना दो भागों में विभक्त हो गई। उसके एक भाग ने आजाद हिंद फौज की 'ब' कंपनी पर हमला किया और दूसरे भाग ने 'अ' कंपनी पर।

ले. ज्ञान सिंह की कंपनी की तरफ बढ़नेवाली अंग्रेजी दस्ते की बख्तरबंद गाड़ियों ने अपनी तोपों से खाइयों पर इस इरादे से गोली-वर्षा प्रारंभ कर दी कि खाइयों में दुबके हुए सैनिकों में से एक भी जीवित न बच सके। लेकिन सैनिक अपनी खाइयों में दुबके रहे। भीषण गोलाबारी के पश्चात् शत्रु-सेना के दैत्याकार टैंक खाइयों की ओर इस इरादे से बढ़े कि उन्हें वहीं जीवित दफना दिया जाय। ये टैंक खाइयों के बिलकुल निकट पहुँच गए और खाइयों पर आक्रमण कर दिया। उन्हें बिलकुल निकट आया देख ले. ज्ञान सिंह ने दो टैंक-विध्वंसक बम उनकी

ओर फेंके, पर वे फटे नहीं। ऐसा लगा कि शत्रु-टैंक उनकी छातियों पर चढ़ बैठेंगे और उन्हें जीवित दफनाकर ही दम लेंगे।

ले. ज्ञान सिंह की कंपनी घोर संकट में फँस गई। उनके पास ऐसी संचार-व्यवस्था नहीं थी कि वे बटालियन के मुख्यालय पर यह खबर भेज सकते। ले. ज्ञान सिंह ने अनुभव किया कि उनका और शत्रु का कोई मुकाबला नहीं है। उनके जवानों की कुल संख्या अट्ठानबे थी, जबकि शत्रु-सैनिकों की संख्या छह सौ थी और तोपें, टैंक तथा बख्तरबंद गाड़ियाँ अलग। उन्हें यह समझते देर नहीं लगी कि यदि कुछ क्षणों की भी देर की गई तो उनकी कंपनी का सर्वनाश निश्चित है। उन्होंने 'आक्रमण करो' का नारा बुलंद कर दिया और भीम-गर्जना के साथ 'नेताजी की जय' का गगन-भेदी घोष करते हुए शत्रु-सेना पर टूट पड़े। टैंकों और बख्तरबंद गाड़ियों के पीछे छिपी-छिपी जो अंग्रेजी सेना चल रही थी, वो ही आजाद हिंद फौज का निशाना बनी। दो घंटे तक आमने-सामने की लड़ाई चलती रही। ले. ज्ञान सिंह के सैनिक जान हथेली पर रखकर लड़ रहे थे। यद्यपि उनकी संख्या कम होती जा रही थी, फिर भी वे काल के समान भिड़कर अंग्रेजी सैनिकों को मार-मारकर बिछा रहे थे। आजाद हिंद फौज के चालीस जवान खेत रहे। अंग्रेजी फौज के मृतकों की संख्या चौगुनी थी। जब शत्रु-सेना ने देखा कि ये लोग तो मरने-मारने पर ही उतारू हैं तो अपनी सेना को समूल नष्ट होने से बचाने के लिए उन्होंने भाग खड़े होने में ही अपनी खैर समझी।

ले. ज्ञान सिंह भागती हुई शत्रु-सेना को खदेड़ने के लिए अपने बचे-खुचे जवानों को बटोर ही रहे थे कि शत्रु-पक्ष की ओर से एक सनसनाती हुई गोली उनके मस्तक में आकर लगी। 'जय हिंद' का नारा लगाते हुए वे भूमि पर गिर पड़े और शहीद हो गए। उनका यह कथन कितना सत्य निकला कि 'मैं तो युद्ध करते हुए आप लोगों के साथ ही मरूँगा।' जहाँ उनके सैनिकों की लाशें पड़ी हुई थीं उन्हीं के बीच उनकी लाश भी गिर गई। जीवन और मृत्यु में उन्होंने अपने सैनिकों का साथ दिया। एक विलक्षण वीर विदा हो चुका था, पर युद्ध का मैदान उसकी सेना के हाथ रहा था। उस वीर तथा उसके साथियों ने अपने प्राणों के मूल्य पर नेताजी के इस आदर्श की लाज रखी थी—'यदि देश को जिंदा रखना है तो व्यक्ति को मरना पड़ेगा।' ले. ज्ञान सिंह देश पर न्योछावर हो गए। वे देश को जिंदा रखने के लिए अपना खून दे गए। मृत्यु को तो उनका पार्थिव शरीर ही हाथ लगा। उनकी आत्मा और उनके नाम ने अमरता प्राप्त कर ली। नेताजी सुभाषचंद्र बोस ने ले. ज्ञान सिंह को मरणोपरांत 'शहीदे-भारत' और 'वीरे-हिंद' सम्मान से विभूषित किया। □

इंफाल का घेरा

अभी तक नेताजी सुभाषचंद्र बोस की आजाद हिंद फौज ने इतनी बड़ी लड़ाइयाँ नहीं लड़ी थीं जिनका आजादी की प्राप्ति पर कोई विशेष प्रभाव पड़ता। इस तरह की लड़ाई इंफाल के घेरे से प्रारंभ हुई। इंफाल को भारत की आजादी का द्वार कहा जा सकता है। नेताजी का चिंतन था कि यदि हम इंफाल की लड़ाई जीत लेते हैं और बंगाल में प्रवेश कर लेते हैं, तो शेष भारत से अंग्रेजों को भगा देना कोई मुश्किल बात नहीं होगी। पर 'इंफाल' भारत की आजादी का केंद्र-बिंदु बन गया और यहीं से अंग्रेजों का सौभाग्य और भारत का दुर्भाग्य जाग्रत् हुआ।

इंफाल के मोरचे को लेकर जापानी फौजी कमान और नेताजी के बीच गहरे मतभेद उत्पन्न हो गए। इंफाल की रक्षा के लिए अंग्रेजी सेना कटिबद्ध थी; क्योंकि वह भी नेताजी के चिंतन की सार्थकता की अनुभूति कर रही थी। नेताजी ने जापानी फौजी कमान को परामर्श दिया कि इंफाल को सभी ओर से घेरकर एक तंग रास्ता छोड़ दिया जाय, जिससे यदि घिरी हुई अंग्रेजी सेना पीठ दिखाकर भागना चाहे तो उस रास्ते से भाग सके। जापानी फौजी कमान नेताजी के विचार से सहमत नहीं हुआ। उसका तर्क था कि इंफाल को घेरकर अंग्रेजी सेना को समर्पण के लिए विवश किया जाय। नेताजी ने एक तर्क यह भी दिया कि भगोड़े सैनिक जहाँ-जहाँ भी जाएँगे, वहाँ-वहाँ वे निराशा का वातावरण फैलाएँगे और उनकी निराशा हमारे लिए उपयोगी साबित होगी। उन्होंने एक बहुत अच्छा उदाहरण दिया। वे बोले कि व्यावहारिक दृष्टि से किसी बिल्ली को कमरे में घेर लेने और उसे कोई रास्ता न देने का दुष्परिणाम यह होता है कि वह हिंसक हो जाती है और पिटाई करनेवाले पर झपट पड़ती है तथा किसी स्थान पर अपने दाँतों से उसे काटने लगती है और चारों पंजों से नोचने लगती है। जापानी फौजी कमान को कोई तर्क स्वीकार नहीं था।

इंफाल की लड़ाई पूरी भयंकरता के साथ प्रारंभ हो गई। कोहिमा के संपूर्ण क्षेत्र

में तिरंगे झंडे फहराने के बाद आजाद हिंद फौज ने खूनी संघर्ष छेड़ दिया। अंग्रेजी सेना ने भी पूरी भयंकरता के साथ युद्ध किया। उसने देख लिया कि निकल भागने के लिए उनके पास कोई रास्ता नहीं है और इसीलिए उसने अपनी पूरी शक्ति लड़ने में ही लगाई। अपनी सेना की आवश्यकताओं की पूर्ति के लिए अंग्रेजी विमान युद्ध-सामग्री भी गिरा रहे थे और खाद्य-सामग्री भी। जापानी सेना के पास वायुयान नहीं थे। उसने अपने सारे विमान एटलांटिक मोरचे पर लगा रखे थे।

दोनों पक्षों की सेनाओं में भयंकर युद्ध हुआ। खून की नदियाँ बह रही थीं और लाशों पर लाशें बिछ रही थीं। चील और गिद्ध लाशों की शल्य-क्रिया में जुटे हुए थे। भीषण दुर्गंध और गंदगी के कारण महामारी भी फैल गई। हैजा और पेचिश की बीमारियाँ हजारों भारतीय सैनिकों को निगल रही थीं। जापानी सहयोगी सेना दिवालिया हो चुकी थी और वह आजाद हिंद फौज की कोई सहायता नहीं कर पा रही थी।

इंफाल की लड़ाई भारतीय सेना का दुर्भाग्य इस कारण बन गई कि समय के पूर्व ही मानसून फट पड़ा और भारतीय सेना के लिए रसद आने के सारे रास्ते दलदल और जल-प्लावन से बंद हो गए। भूख से तड़पते हुए आजाद हिंद फौज के जवान पत्तियाँ और वृक्षों की जड़ें उबाल-उबालकर खाने लगे। परिणाम स्वाभाविक ही था—हैजा और पेचिश। दलदल में फँसे हुए भारतीय सैनिक चीलों और गिद्धों की भूख मिटा रहे थे। वे इतने अशक्त हो गए थे कि मांस नोचनेवाली चीलों और गिद्धों को उड़ा तक नहीं पा रहे थे। मृत्यु भयंकर अट्टहास करती हुई चारों ओर अपनी विनाश-लीला दिखा रही थी।

इतना सब होते हुए भी आजाद हिंद फौज के जवानों के दिलों से वह उत्साह कम नहीं हो रहा था, जो नेताजी ने उनमें भर दिया था। दुनिया का कोई भी कमांडर अपनी सेना में इतना उत्साह कभी नहीं भर पाया। एक बड़ा प्रेरक उदाहरण है—

एक स्थान पर चील और गिद्ध एक भारतीय सैनिक का मांस नोच-नोचकर खा रहे थे। भगाने की स्थिति में होते हुए भी वह उन्हें भगा नहीं रहा था। उधर से आजाद हिंद फौज का एक अफसर निकला। उसने पत्थरों से चीलों और गिद्धों को भगाना चाहा। घायल सैनिक ने अपने अफसर को ऐसा करने से मना किया। उसका तर्क बड़ा प्रेरक था। वह बोला, ''नेताजी ने यही तो कहा है कि तुम मुझे खून दो, मैं तुम्हें आजादी दूँगा। मैं अपने शरीर से अपना खून नहीं निकाल सकता था। वह काम ये चील और गिद्ध कर रहे हैं। साहब, नेताजी से आप हमारा 'जय हिंद' कहकर उन्हें बताना कि हजारों सैनिक इस प्रकार अपना खून देकर नेताजी की माँग पूरी कर रहे हैं।'' □

इंफाल अभियान की विफलता

कहना न होगा कि कई कारणों से इंफाल अभियान विफल हो गया। नेताजी के व्यक्तित्व की विशेषता यह थी कि किसी भी असफलता से वे स्वयं भी हताश नहीं होते थे और न उनके संपर्क में आनेवाले। उन्होंने बर्मा की राजधानी रंगून को अपना मुख्यालय बनाया और ऐसी गतिविधियाँ संपन्न करने में लग गए, जो सैनिकों और जनता में उत्साह का संचार करतीं।

किसी अभियान की विफलता पराजय नहीं होती। पराजय तो तब होती है जब व्यक्ति या सेना संघर्षशील वृत्ति को त्यागकर किसी भी काम को करने में मन न लगाए और पलायनवादी हो जाए। इंफाल अभियान की विफलता आजाद हिंद फौज की पराजय नहीं थी। सभी सैनिक और अफसर भारी क्षति के बाद भी पहले से कहीं अधिक उत्साहित और जुझारू दिखाई पड़ते थे। इंफाल-युद्ध में एक लाख जापानी सैनिक और बीस हजार आजाद हिंद सैनिक मारे गए थे। इतनी भारी जन-हानि के पश्चात् भी आजाद हिंद फौज शत्रु से जूझ पड़ने के लिए छटपटाने लगी। नेताजी के दो हाथ हजारों हाथों का काम समेटने लगे। कभी वे सैनिकों के लिए खाद्य-सामग्री जुटाते देखे जाते तो कभी नई फौज खड़ी करने और उसके लिए युद्ध-सामग्री प्राप्त करने के प्रयत्नों में संलग्न पाए जाते। सैनिक अस्पतालों में रोगियों और घायलों का निरीक्षण करना उनके लिए पूजा के समान कर्तव्य बन गया था।

आजाद हिंद फौज के अस्पताल मांडले, कालोवा, मौन्यवा और मेम्यो में स्थित थे। नेताजी मेम्यो अस्पताल का निरीक्षण करने पहुँचे। वहाँ दो हजार रोगी और घायल थे, जिनकी स्थिति गंभीर थी। युद्ध में गोलियों के घाव खाए हुए घायलों की कराहों से अस्पताल के वातावरण में बड़ा करुण दृश्य उपस्थित था। गंभीर मलेरिया और खूनी पेचिश के बीमार भी वहीं थे। घायलों और रोगियों की तीमारदारी करनेवाले सेवकों की संख्या बहुत कम थी। इस अभाव की पूर्ति रानी

झाँसी रेजीमेंट की रानियों और बाल-सेना के बाल-वीरों ने की। सेवा के लिए समर्पित होकर उन्होंने दिन और रात एक कर दिए।

नेताजी ने अस्पताल की दीर्घाओं में प्रवेश किया और प्रत्येक घायल या रोगी से कुछ-न-कुछ बात करते हुए आगे बढ़ते चले गए। वे एक मरीज के पास पहुँचे और उससे पूछा, "तुम्हें क्या तकलीफ है ?"

"मुझे यही तकलीफ है, नेताजी, कि मुझे अस्पताल से छुट्टी नहीं मिल रही है। मेरा मन मोरचे पर जाने के लिए छटपटा रहा है।"

उत्तर सुनकर नेताजी प्रसन्न हुए और उससे बोले, "पहले हम तुम्हारे लिए मोरचे की तलाश कर लें, फिर छुट्टी दे देंगे।" आगे बढ़कर वे दूसरे रोगी के पास पहुँचे। उसकी हालत भी गंभीर थी। उसका मुँह सूजा हुआ था और वह उठने-बैठने की स्थिति में भी नहीं था। नेताजी ने उससे पूछा, "तुम कब ठीक हो रहे हो ?"

"मैं उसी दिन ठीक हो जाऊँगा, नेताजी, जिस दिन आप मुझे मोरचे पर जाने की अनुमति दे देंगे।" उत्तर सुनकर नेताजी का वक्ष गर्व से फूल गया। वे बोल उठे, "कौन कहता है कि हम हारे हुए हैं ? यह जोशोखरोश और यह बलबला क्या हारे हुए व्यक्ति में होता है ?"

इस बार नेताजी एक डॉक्टर की ओर मुखातिब हुए और उससे पूछा, "डॉक्टर! यहाँ दवाइयों की कमी तो नहीं है ?"

डॉक्टर ने संकोच के साथ कहा, "नेताजी! दवाइयाँ तो यहाँ नाममात्र की हैं। हम लोग दवाइयाँ कम और दम-दिलासा अधिक देते हैं।"

नेताजी का त्वरित उत्तर था, "दम-दिलासा से अधिक मीठी तो जलेबियाँ होती हैं। आज सारे अस्पतालों में घायलों और मरीजों को जलेबियाँ खिलाई जाएँ।" उस दिन से नेताजी का नाम 'जलेबी डॉक्टर' पड़ गया।

नेताजी एक अन्य मरीज के पास पहुँचे और बोले, "तुम्हें यहाँ असुविधाएँ तो बहुत होती होंगी ?"

उत्तर मिला—"नेताजी, यदि हमें यहाँ असुविधाएँ हैं तो हम कह नहीं सकते कि हमें सुविधाएँ कहाँ मिलेंगी। ये लड़के-लड़कियाँ हमारी इतनी सेवा करते हैं कि हमारे बेटे-बेटियाँ भी नहीं कर सकते थे। उस दिन (एक सोलह वर्षीया परिचारिका की ओर संकेत करके) इस लड़की ने रात भर अपनी पलक नहीं झपकाई और मुझे दवाइयाँ और इंजेक्शन देती रही। उस दिन मेरी हालत बहुत ज्यादा खराब थी। मैंने खुद कई बार इसे विश्राम करने के लिए कहा, तो इसने उत्तर

दिया, ''विश्राम कैसे करूँ? हम लोग यहाँ विश्राम करने के लिए नहीं, सेवा करने के लिए हैं। नेताजी की आँखें हम सब लोगों को देखा करती हैं। हम उन्हें धोखा नहीं देंगे। अब आप ही बताइए, नेताजी, कि हम लोग कैसे कह दें कि हमें यहाँ कोई असुविधा है।''

यह विवरण सुनकर नेताजी की आँखों में आँसू छलछला आए। उन्होंने देखा कि उस समय वह लड़की इंजेक्शन तैयार कर रही थी। नेताजी ने उससे पूछा, ''तुम्हारा नाम क्या है, बेटी?''

''जी, मेरा नाम बेला दत्त है।''

''क्या तुम इस अस्पताल के नियमित स्टाफ में हो?''

''नहीं, नेताजी! मैं बाल-सेना की एक सैनिक हूँ।''

''तुमने तो सैन्य-प्रशिक्षण प्राप्त करके आदमी की जान लेने की कला सीखी होगी। यह जीवन-दान की कला तुम्हें कैसे आ गई?''

''यह ठीक ही है, नेताजी, कि हमने गोलियाँ चलाना भी सीखा है, पर गोलियाँ खाए हुए भाइयों से प्राथमिक प्रशिक्षण भी तो प्राप्त किया है। फिर हमारे पिता-तुल्य डॉक्टर लोग भी तो प्रशिक्षण देते ही रहते हैं।''

''इस समय तुम्हारी देख-रेख में कितने मरीज हैं?''

''मेरी देख-रेख में पचासी मरीज हैं।''

उत्तर सुनकर नेताजी की आँखें फटी-की-फटी रह गईं। उनके मुँह से निकल पड़ा—''बाप-रे-बाप! इतनी कच्ची उम्र और इतनी कठिन तपस्या! इतना काम तो मैंने बड़े-बड़े अस्पतालों में भी किसी को करते नहीं देखा।''

''यह तपस्या नहीं है, नेताजी! यह तो कर्तव्य का निर्वहण है। यदि हमें इससे भी अधिक काम करना पड़े तो हमें और भी अधिक हर्ष होगा।''

''यह सब करने की प्रेरणा तुम्हें कहाँ से मिली?''

''आपसे। आपने उस दिन हमारे दीक्षांत समारोह में जो भाषण दिया था, उसका एक-एक शब्द हमारी आत्मा में उतर गया है।''

''अरे! भाषणों का क्या, कोई बुलाए तो कुछ-न-कुछ भाषण तो देना ही पड़ता है। यह आवश्यक तो नहीं कि हर भाषण कुछ प्रभाव छोड़े।''

''नहीं, नेताजी! भाषण यदि हृदय से निकले तो वह अवश्य प्रभाव छोड़ता है। यदि कोई व्यक्ति केवल लफ्फाज नेता हो तो उसका भाषण कोई प्रभाव नहीं छोड़ता; क्योंकि वह कंठ से निकला हुआ होता है। आपका तो प्रत्येक शब्द आत्मा की गहराइयों से निकला हुआ होता है।''

"अच्छा बेटी! मेरी प्रशंसा बंद करो और यह बताओ कि तुम्हारे पिता कौन हैं और वे कहाँ हैं?"

प्रश्न सुनकर बेला की आँखें छलछला आईं और उनसे अश्रुपात होने लगा। उन्हें अपने प्रश्न का उत्तर मिल गया था। उस बालिका को हृदय से लगाकर वे बोले, "बेटी! मैं तुम्हारा पिता हूँ। तुम रोती क्यों हो! तुम तो मेरी अच्छी बिटिया हो न!"

नेताजी का यह दुलार पाकर बेला फफक-फफककर रो उठी। उसके मस्तक को अपने हृदय से लगाए नेताजी भी रो पड़े। बाप-बेटी के आँसुओं का मिलन गंगा-यमुना का पावन संगम बन गया।

□

नेताजी का तुलादान

२३ जनवरी, १९४५ का दिन अपने साथ कुछ विशेषता लिये हुए आया। यह दिन नेताजी सुभाषचंद्र बोस का उनचासवाँ जन्मदिन है। रंगून मुख्यालय में होने के कारण रंगून की माताएँ और बहनें उनका जन्मदिवस मनाने का प्रस्ताव लेकर पहुँच गईं। वैसे तो नेताजी स्वयं से संबंधित किसी समारोह की अनुमति किसी प्रकार नहीं देते, पर उन्हें जन-जीवन में छाई हुई निराशा भी तो दूर करनी थी और युद्ध के पहियों को आगे सरकाने के लिए कुछ तेल-पानी की आवश्यकता भी तो थी, इस कारण उन्होंने रंगून की बहनों को समारोह आयोजित करने की स्वीकृति दे दी। मध्याह्न में नेताजी का तुलादान समारोह होना था, क्योंकि उनका जन्म मध्याह्न में ही हुआ था। वैसे तो इस समारोह में एक व्यवधान उपस्थित हो रहा था और वह यह कि जापान के पूर्व प्रधानमंत्री जनरल तोजो के स्थान पर नव-नियुक्त प्रधानमंत्री जनरल कोइसो ने उन्हें अपने राष्ट्र का सर्वोच्च सम्मान देने के लिए टोकियो आमंत्रित किया था; पर उन्होंने यह लिखकर क्षमा माँग ली थी—'युद्ध में विजय प्राप्त कर लेने के पश्चात् ही मैं अपने सहयोगियों के साथ सम्मान प्राप्त करने उपस्थित हो सकूँगा।'

नेताजी के तुलादान के समाचार से रंगून नगर और फौजी छावनी में उन्माद का वातावरण तैयार हो गया। जल्दी से जल्दी अपना दैनिक कार्य निबटा लेने के विचार से बहनों के हाथों में कुछ तेजी आ गई। उनके मन उमंग से भर गए। वे अपने देश के इतने बड़े नेता और अपने सैनिक भाई को बहुत निकट से देखने के लिए लालायित हो रही थीं। वृद्धा-माताओं के आशिष अपने सैनिक बेटे पर बरस पड़ने के लिए उतावले हो रहे थे। बच्चे लोग अच्छे-से-अच्छे कपड़े पहनकर अपनी माताओं के साथ तुलादान-स्थल पर जाने के लिए रस्सियाँ तुड़ाने लगे। इस समारोह में सैनिक अपनी सैनिक वेशभूषा में नहीं, अपने-अपने प्रांतों की वेशभूषा

में जाने के लिए सज रहे थे। माताएँ और बहनें अपनी बक्से-पेटियाँ खखोरने लगीं कि नेताजी को तौलने के लिए उनके पास कौन-कौन से आभूषण हैं।

बहनों ने दौड़-दौड़कर अपने सारे काम झटपट समाप्त कर लिये। वे अड़ोस-पड़ोस में जाकर एक-दूसरे से विचार-विमर्श करके आने लगीं। उनके मन में उत्साह फूटा पड़ रहा था। पंजाबी बहनों की सलवार-कुरती और दुपट्टे की शान देखते ही बनती थी। उनके होंठों पर पंजाबी लोकगीतों की धुनें थिरकने लगीं। उनके लिए आज का दिन बैसाखी के त्योहार से कम नहीं था। गुजराती बहनों के पैर गरबा और डांडिया नृत्य पर थिरकने लगे। उन्होंने अपने जूड़ों में रंग-बिरंगे फूल खोंसकर वातावरण में उन्माद भर दिया। महाराष्ट्रीय बहनों ने मोरपंखीवाले इकतारे पर संत तुकाराम के भजन गाने प्रारंभ कर दिए। भारत के अन्य प्रांतों की बहनें भी अपनी-अपनी प्रांतीय वेशभूषा में सज्जित होकर तुलादान समारोह को अपने त्योहारों से भी अधिक महत्त्व देने लगीं। सभी के मन दुआओं पर आकर टिक गए थे, 'हमारे नेताजी चिरायु हों। हमारी मातृभूमि मुक्त हो।' बर्मी और जापानी महिलाओं के लिए तुलादान का समारोह उत्साह, आश्चर्य और कौतूहल का विषय बन गया था।

एक जापानी महिला ने एक भारतीय महिला से पूछा, "बहन! तुम्हारे यहाँ क्या आज कोई त्योहार मनाया जा रहा है?"

"हाँ, बहन! हम लोग आज नेताजी का जन्मदिन ही त्योहार के रूप में मना रहे हैं।"

"यह त्योहार आप लोग किस तरह से मनाएँगे?"

"हम लोग आज अपने नेताजी को तराजू के एक पलड़े पर बैठाएँगे और दूसरे पलड़े पर सोने के आभूषण रखते जाएँगे।"

"फिर क्या होगा?"

"जब नेताजी के वजन के बराबर सोना पलड़े पर पहुँच जाएगा तो नेताजी के माथे पर मंगल तिलक लगाकर हम लोग उनकी आरती उतारेंगे और उनके सफल एवं दीर्घ जीवन की कामना करेंगी।"

"अच्छा बहन! यह भी बताओ कि नेताजी की तौल के बराबर प्राप्त उन स्वर्णाभूषणों का क्या होगा?"

"नेताजी उन्हें बेचकर हथियार खरीदेंगे और आजादी के युद्ध को गति प्रदान करेंगे।"

"बहन, बड़ा विचित्र है तुम्हारा देश। हमारे यहाँ तो वह संपत्ति तौले गए

व्यक्ति की निजी संपत्ति हो जाती है। अच्छा बहन! एक बात और बताओ कि क्या हम लोग 'नेताजी का तुलादान' समारोह देखने जा सकते हैं ?''

''अवश्य, अवश्य ही। हम लोग आप सभी को वहाँ आने के लिए निमंत्रित कर रही हैं।''

मध्याह्न का समय हो गया। नव-उमंगों से परिपूरित नारियाँ आभूषणों के थाल सजाए हुए तुलादान-स्थल की ओर चल पड़ीं, जैसे देव उपासिकाएँ देव-मंदिर की पूजा-भेंट लेकर जा रही हों।

तुलादान का समय हो गया। तराजू के एक पलड़े पर नेताजी को बैठाया गया। मलाया के एक बंगाली डॉक्टर के परिवार की किशोरियों ने शंख-ध्वनि की। एक गुजराती वृद्धा ने सर्वप्रथम पहुँचकर तराजू के पलड़े पर सोने की पाँच ईंटें रख दीं। एक-एक करके आभूषण पलड़े पर गिरने लगे और पलड़ा थोड़ा-थोड़ा हिलने लगा। सभी प्रकार के आभूषण, सोने की मूर्तियाँ, फूलदान, सिक्के और जवाहरात पलड़े पर गिरने लगे; पर दोनों पलड़ों ने सम होने का नाम नहीं लिया। निरंतर शंख-ध्वनि और 'नेताजी की जय' के नारों के साथ पलड़े पर आभूषण चढ़ाने की उमंग भी बढ़ती जा रही थी।

नेताजी के तुलादान-समारोह को अधिक सजीवता प्रदान करने के लिए यहाँ लेखक की एक कविता उद्धृत की जा रही है—

दिन के प्रकाश-सा फैल गया, प्रिय समाचार यह घर-घर में।
गलियों, सड़कों, चौराहों की चर्चाओं के स्वर-निर्झर में॥
है नेताजी का तुलादान, सोने से तौले जाएँगे।
सोना गलकर लोहा होगा, हथियार सिपाही पाएँगे॥

दीवानों के भुजदंडों में फिर एक नया बल आएगा।
भारत के नभ से अंग्रेजी शासन-सूरज ढल जाएगा॥
प्रिय समाचार यह फैला क्या, जैसे पागलपन फैल गया।
दिल फैल-फैलकर बढ़े हुए, पथ पर जन-जीवन फैल गया॥

थी तुलादान की एक राह, जिस पर निर्धन-धनवान चले।
नर-नारी बालक-वृद्ध चले, बल खाते हुए जवान चले॥
माताओं के आशीष चले, बहनों के मंगल-गान चले।
साधना चली कुलवधुओं की, कुलवधुओं के भगवान् चले॥

सपने होकर सार चले, संकल्प वक्ष निज तान चले।
उत्साह उमड़ता हुआ चला, हौसले चले अरमान चले॥
उठ-उठ फूलों के हार चले, सज-सज कुंकुम के थाल चले।
जिनको जो कुछ भी लगा हाथ, अपनी झोली में डाल चले॥

लख तुलासीन नेताजी को, स्वर्णाभूषण अब मचल पड़े।
वे लगे कूदने पलड़े पर, कुछ जड़े हुए कुछ बिना जड़े॥
पहले उनमें सम्मोहन था, निज बल अब लगे आजमाने।
आजादी जैसे शमा बनी, आभूषण हों जैसे परवाने॥

पलड़े को नीचा कर देने, चूड़ियाँ चलीं खन-खन करती।
जेबें, पाजेबें चलीं सभी, पायलें चलीं झन-झन करतीं॥
अलबेले बाजूबंद चले, झूलते हुए गलहार चले।
चल दिए थिरकते कर्णफूल, बिंदियों के बंदनवार चले॥

ये सब-के-सब चल दिए, किंतु दोनों पलड़े सम नहीं हुए।
मंजिल का छोर नहीं पाया, हौसले किंतु कम नहीं हुए॥
इतने में कोई बहन बिलखती-रोती आकर खड़ी हुई।
तरु के कट जाने से जैसे हो लता विपन्ना पड़ी हुई॥

बोली—मैं आज अनाथ हुई, वे आर्य-पुत्र मुख मोड़ गए।
वे लड़ते-लड़ते खेत रहे, यह एक निशानी छोड़ गए॥
मैं मंगल-सूत्र चढ़ाती हूँ, यह मातृभूमि हित अर्पण है।
यह मेरा अपना हृदय और उनके भावों का दर्पण है॥

हे जन-त्राता! इस दुखिया की यह तुच्छ भेंट स्वीकार करो।
बंधन-युत भारत माता की उजड़ी आशा में रंग भरो॥
आँसुओ! थमो, उनकी स्मृति के अंतिम दर्शन कर लेने दो।
हतभागिनी बेटी को धरती माँ की पीड़ा हर लेने दो॥

सौभाग्य-चिह्न जाओ, तुमको है सेवा का सौभाग्य मिला।
जाओ हर एक सुहागिन का सौभाग्य-कमल हो खिला-खिला॥

नेताजी की वाणी ही क्या, हर वाणी ही अवरुद्ध हुई।
हर आँख हुई धुलकर पावन, हर एक भावना शुद्ध हुई॥

साहस बटोर नेताजी ने, निज अधरों के संपुट खोले।
विगलित करुणा से आहत हो, वे रुँधे हुए स्वर में बोले—
यह केवल दान नहीं बहना! तुमने हमको वरदान दिया।
आनेवाली हर पीढ़ी को, तुमने शाश्वत अभिमान दिया॥

तुम रोती हो मत रोओ अब, तुमने भाई तो पाया है।
यह समझो मंगल-सूत्र देश के लिए विजय ले आया है॥
यह नई भेंट पाकर पलड़ा कुछ हिला-डुला, पर झुका नहीं।
चुक गए सभी के आभूषण, उत्साह किसी का चुका नहीं॥

इतने में ही एक वृद्धा माँ को, कोई थामे-थामे लाई।
करुणा-ममता की देह धरे, नेताजी के सम्मुख आई॥
बोली—बेटा तो चला गया, हँसकर फाँसी पर झूल गया।
केवल आँखें ही रोती हैं, भीतर-भीतर मन फूल गया॥

नटखट था वह, कहता था माँ! मैं अपना ब्याह रचाऊँगा।
तेरी सेवा हित शहजादी आजादी दुलहिन लाऊँगा॥
वह ऐसा गया न लौट सका, मेरे अरमान तड़पते हैं।
आजादी दुलहिन लाऊँगा, यह सुनने कान तड़पते हैं॥

माँ का मंदिर पा जाय कलश, इसलिए नींव में समा गया।
सोने की चौखट में अपनी तसवीर मुझे यह थमा गया॥
यह कहकर कंपित हाथों से, वह चित्र धरा पर पटक दिया।
जो मोह अभी तक घेरे था, मानो यों उसको झटक दिया॥

बेटे का चित्र लगा उर से, वह चौखट रख दी पलड़े पर।
नीचे ऊपर-ऊपर नीचे, दोनों पलड़े झूले थर-थर॥
गति चंचलता की दूर हुई, स्थिरता पाई समता ने।
नेताजी को था तौल लिया, तप ने करुणा ने ममता ने॥ □

कैप्टेन रघुवंशलाल अवस्थी की शेष कहानी

कैप्टेन रघुवंशलाल अवस्थी उस समय पोर्ट-ब्लेयर की सेलुलर जेल में थे, जिस समय नेताजी सुभाषचंद्र बोस अंडमान-निकोबार द्वीप-समूह का नागरिक प्रशासन सँभालने के लिए पोर्ट-ब्लेयर पहुँचे थे। यद्यपि कैप्टेन अवस्थी के लिए जापानियों द्वारा मृत्युदंड घोषित किया जा चुका था, पर उन्हें मृत्युदंड दिया नहीं गया था। उन्हें मृत्युदंड न देने की जोरदार सिफारिशें की थीं डॉक्टर कालेपानी और बाबा उसमान ने। यह भी एक बहुत विचित्र बात हुई कि जापानियों ने कैप्टेन अवस्थी को तो मृत्युदंड नहीं दिया, पर डॉ. कालेपानी और बाबा उसमान को कठोरता और निर्ममतापूर्वक मृत्युदंड दिया। असल में जापानी अपने शत्रु अंग्रेजों के विरुद्ध उनका इस्तेमाल करना चाहते थे। अंततोगत्वा कैप्टेन रघुवंशलाल को बर्मा भेज दिया गया। वहाँ नेताजी उनसे मिलकर बहुत प्रभावित हुए और पूछा कि आप मुझसे क्या चाहते हैं? कैप्टेन ने कहा कि आप मुझे सिंगापुर के 'ऑफीसर्स ट्रेनिंग स्कूल' में प्रशिक्षण के लिए भेज दें। नेताजी चाहते थे कि कैप्टेन अवस्थी वही वायरलेसवाला और जासूसी का काम आजाद हिंद फौज के लिए भी करें जो वह अंग्रेजी साम्राज्य के लिए करते थे। आखिर कैप्टेन रघुवंशलाल की तीव्र इच्छा देखकर नेताजी ने उन्हें सिंगापुर के 'ऑफीसर्स ट्रेनिंग स्कूल' में कमीशन लेने के लिए भरती करा दिया।

व्यक्तिगत रूप से नेताजी के लिए जासूसी का काम कैप्टेन अवस्थी किया करते थे। एक बहुत मुश्किल काम के लिए एक बार नेताजी ने उन्हें अपने गले से लगाकर विदा किया।

जब अंग्रेज हुकूमत ने पुनः बर्मा और सिंगापुर में कब्जा कर लिया तो उन्होंने कैप्टेन रघुवंशलाल अवस्थी को फाँसी का आदेश दे दिया। यह तो कैप्टेन अवस्थी का सौभाग्य था कि वे इस बार भी फाँसी पर लटकने से बच गए। वे ही ऐसे व्यक्ति हैं, जिन्हें दो बार फाँसी का हुक्म हुआ और वे दोनों बार बच गए। □

कु. मानवती पांडेय की शेष कथा

अपनी योग्यता, निर्भीकता और कर्तव्य-परायणता के कारण कु. मानवती ने नेताजी के स्टाफ में निजी सचिव का पद प्राप्त कर लिया था। जिस समय नेताजी रंगून में थे, उन दिनों मानवतीजी विशेष रूप से उनके लिए उपयोगी सिद्ध हुईं। एक तो रानी झाँसी रेजीमेंट में भरती की दिशा में उनके निजी संपर्क बहुत काम आए। जो लड़कियाँ उन्होंने भरती कीं, उनमें से एक भी गलत सिद्ध नहीं हुई। उनकी दूसरी स्मरणीय सेवा यह थी कि पूरा बचपन बर्मा में बीतने के कारण वे एक-एक व्यक्ति को जानती थीं और उनका यह अनुभव आजाद हिंद कोष को भरने के बहुत काम आया।

वह समय मानवतीजी के लिए दुर्भाग्यपूर्ण सिद्ध हुआ, जब नेताजी को रानी झाँसी रेजीमेंट का विघटन करना पड़ा। नेताजी ने इन लड़कियों को अपने-अपने घर मानवतीजी के द्वारा ही भेजा। देखा यह जाता है कि अपने माता-पिता को छोड़ते समय लड़कियों को अपार दु:ख होता है और वे खूब रोती हैं; पर यहाँ बात उलटी ही थी। लड़कियाँ अपने नेताजी को छोड़कर अपने माता-पिता के घर जाते समय खूब फफक-फफककर रोती थीं। नेताजी मानवतीजी के द्वारा प्रत्येक लड़की को विदा करते समय उसकी थैली में छह महीने का अग्रिम वेतन रखना नहीं भूलते थे।

आखिर वह समय भी आया, जब अंग्रेजी फौज ने बर्मा पर अपना अधिकार कर लिया। महिला होने के नाते मानवतीजी गिरफ्तार होने से बच गईं। स्वतंत्र भारत में अब वे सम्मानपूर्वक वैवाहिक जीवन व्यतीत कर रही हैं और सामाजिक, साहित्यिक व शैक्षिक क्षेत्रों में महत्त्वपूर्ण योगदान दे रही हैं।

□

नेताजी की विपद्-यात्रा

ब्रिटिश सेना अपने विजय अभियान की ओर बढ़ रही थी। खबर थी कि वह कुछ ही समय में रंगून पहुँच जाएगी। रंगून में भगदड़ मच गई थी। बर्मा के राष्ट्रपति बॉ मॉ अपनी गर्भवती पत्नी को छोड़कर रंगून से भाग चुके थे। कुछ जापानी अफसर नेताजी के पास पहुँचे और उनसे कहा कि नेताजी, अंग्रेजी फौज रंगून से केवल दस मील दूर रह गई है। वह कुछ मिनटों में ही यहाँ पहुँच जाएगी। हमारे एक वायुयान में केवल आपके लिए एक स्थान खाली है। आप उसमें बैठकर हमारे साथ उड़ चलिए।

नेताजी का कथन था, ''मेरे साथ मेरे पुत्र समान सैनिक भी हैं। मेरे साथ रानी झाँसी रेजीमेंट की मेरी बेटियाँ भी हैं। क्या आप इन सबको अपने हवाई जहाज में स्थान दे सकेंगे? यदि दे सकते हैं तो मैं चल सकता हूँ, अन्यथा हम लोग पैदल-पैदल ही आएँगे।''

जापानी अफसर ने कहा, ''बर्मा के राष्ट्रपति डॉ. बॉ मॉ भी प्रस्थान कर चुके हैं।''

नेताजी ने कहा, ''मैं बर्मा का निर्लज्ज राष्ट्रपति नहीं हूँ, जो अपनी पत्नी को छोड़कर अपनी जान बचाने भाग गया। आप लोग मुझे अपने वायुयान में जगह भले ही न दें, यदि आप मेरे बेटे और बेटियों के लिए कुछ लॉरियों की ही व्यवस्था कर दें तो मैं उनके साथ आ जाऊँगा।'' विवश होकर जापानियों को कुछ लॉरियों का प्रबंध करना पड़ा। नेताजी के दल ने दल-बल के साथ रंगून से प्रस्थान किया।

२४ अप्रैल, १९४५ की रात दस बजे आजाद हिंद फौज का काफिला रंगून से पीगू की ओर जानेवाली सड़क पर चल पड़ा। इस काफिले में छह कारें और पंद्रह लॉरियाँ थीं। इनमें से तीन लॉरियाँ रानी झाँसी रेजीमेंट की लड़कियों के लिए दी गईं। उनकी प्रत्येक लॉरी में नेताजी ने कुछ जिम्मेदार फौजी अफसरों को बैठाया।

स्वयं नेताजी ने यह व्यवस्था की थी कि कारों और लॉरियों में कौन कहाँ बैठेगा!

जिस सड़क पर यह काफिला चला, उसपर जापानी लॉरियाँ बहुत तेजी से दौड़ रही थीं। वे नेताजी के काफिले की गाड़ियों को बहुत पीछे छोड़ती जा रही थीं। उन सभी के मन भयभीत और आतंकित थे। इसके विपरीत नेताजी का दल बहुत धैर्य और इत्मीनान के साथ जा रहा था। स्थान-स्थान पर नेताजी सभी गाड़ियों को रुकवाकर उनकी गणना करते थे, कुछ निर्देश देते थे और आगे बढ़ जाते थे।

चाँदनी रात थी। नेताजी की गाड़ियों का कारवाँ पीगू की सड़क पर सरक रहा था। गाड़ियाँ बिना बत्ती जलाए चली जा रही थीं। अभी चलते हुए कुछ घंटे ही हुए थे कि हवाई जहाजों की गड़गड़ाहट सुनाई दी। सभी लोग अपनी-अपनी गाड़ियों से कूद पड़े और सड़क के दोनों ओर वृक्षों की ओट या गड्ढों में छिप गए। चलते समय गाड़ियों में पत्तेदार टहनियाँ इस प्रकार बाँध दी गई थीं कि वे गाड़ियाँ भी वृक्षों के समान दिखाई देती थीं। बमवर्षा के समय सैनिकों का गाड़ियों से कूदकर प्रश्रय लेना बहुत आवश्यक था; क्योंकि एक गाड़ी पर बम गिरने पर उस गाड़ी की सभी सवारियाँ खत्म हो जातीं। कुछ जापानी लॉरियाँ अपने व्यक्तियों को इसी प्रकार गँवा चुकी थीं।

ब्रिटिश बमवर्षक चाँदनी रात के आँगन में आग उगलकर चले गए। नेताजी का काफिला फिर आगे बढ़ गया। अभी यह काफिला थोड़ी दूर ही गया था कि कुछ फासले पर तोपों की गड़गड़ाहट सुनाई दी। गाड़ियाँ फिर रुक गईं। उन्हें इस बात की आशंका थी कि कहीं काफिला शत्रु के जाल में फँसने के लिए स्वयं तो उसी ओर नहीं जा रहा है। अनुमान था कि पीगू पर अधिकार करने के लिए जापानी सेना से अंग्रेजी सेना भिड़ी होगी। स्थिति का पता लगाने के लिए नेताजी ने एक खोजी दल उस दिशा में भेजा, जिधर से तोपों के गरजने की आवाज आ रही थी। उस दस्ते ने लौटकर यह समाचार दिया कि वह ब्रिटिश तोपों की आवाज नहीं है, अपितु भागते हुए जापानियों द्वारा ही अपने शस्त्र-भंडारों में आग लगा देने के फलस्वरूप हुए विस्फोट की आवाज है। पीगू के आस-पास सेना के शस्त्र-भंडार थे, जो सामग्री वे साथ नहीं ले जा पा रहे थे, उसे अग्नि के हवाले कर रहे थे और अग्नि समर्पित होकर गोला-बारूद फट रहा था।

स्थिति से आश्वस्त होकर नेताजी का काफिला फिर आगे बढ़ चला। यह काफिला पूर्व दिशा की ओर बढ़कर बाव नामक स्थान की ओर जा रहा था। अंग्रेजों की तोपों के मुँह में जाने का खतरा तो समाप्त हो गया था, पर बमवर्षकों

का खतरा बढ़ गया था; क्योंकि प्रात:काल होने वाला था। प्रात:काल होते ही यह काफिला बाव से कुछ दूर पहले ही एक छोटे से गाँव में ठहर गया। कैसी विडंबना थी कि सूर्य की जीवनदायिनी रश्मियाँ उनके लिए मृत्यु की दूतियाँ बनकर आती थीं और चाँदनी रात अंगारों का उपहार लेकर पहुँचती थी। अँधेरी काली रात ही उनका साथ निबाहती थी, पर वह भी अपने आँचल में दुर्घटनाओं के उपहार छिपाए रहती थी।

नेताजी ने पिछली रात जागते-जागते ही बिताई थी। वे थोड़ी-थोड़ी देर बाद अपनी गाड़ियों की गणना करते रहे थे। वे लड़कियों से भी कुशल समाचार पूछते रहते थे। उन्हें प्रसन्नता थी कि लड़कियों में से कोई भी उन्हें भयभीत दिखाई नहीं दी थी। सभी के हौसले बुलंद थे। सुबह होते ही नेताजी ने गाड़ियों को खड़े होने के लिए पड़ाव दिखाए। वे एक वृक्ष के नीचे बैठकर हजामत बनाने लगे। उनके पास कर्नल मलिक बैठे थे। पास ही रानी झाँसी रेजीमेंट की तत्कालीन कमांडर श्रीमती जानकी थीवर्स भी बैठी थीं। इसी समय कुछ ब्रिटिश बमवर्षक उसी वृक्ष पर चक्कर काटने लगे, जिसके नीचे ये तीनों बैठे हुए थे। कर्नल मलिक और जानकी थीवर्स ने थोड़ी ओट ले ली और उन्होंने नेताजी से भी छिप जाने का आग्रह किया; पर वे छिपे नहीं, हजामत ही बनाते रहे। सौभाग्य से उन्हें ब्रिटिश बमवर्षक बिना निशाना बनाए चले गए। उन्होंने सोचा होगा कि यह व्यक्ति फौजी न होकर कोई नागरिक होगा, जो इतनी बेफिक्री के साथ बैठकर हजामत बना रहा है। वे नेताजी के मनोविज्ञान के झाँसे में आ गए।

सबको खिलाने-पिलाने के पश्चात् स्वल्प विश्राम के लिए नेताजी लेट गए। बहुत थोड़ी सी झपकी लेने के पश्चात् वे उठ बैठे और एक अफसर को बुलाकर उन्होंने कहा, ''एक गाड़ी फौरन ले जाओ और मेजर रतूरी के नेतृत्व में आगे पैदल जा रहे जाँबाज दस्ते से कहो कि सड़क छोड़कर रेल की पटरियों के सहारे चलें; क्योंकि सड़क के रास्ते चलने से टैंकों के आक्रमण का खतरा है।''

नेताजी के निर्देशानुसार जाँबाज दल को आगाह कर दिया गया। वे लोग सड़क के रास्ते से हटे ही थे कि शत्रु के टैंकों का एक दस्ता धड़धड़ाता हुआ वहाँ जा पहुँचा। यदि उन्होंने तनिक भी देर की होती तो सब-के-सब भून दिए जाते। अपनी आध्यात्मिक चेतना-शक्ति विकसित होने के कारण नेताजी को इस प्रकार का इलहाम बहुधा ही होता था।

दिन भर शत्रु के लड़ाकू विमानों से लुका-छिपी खेलने के पश्चात् नेताजी का काफिला २५ तारीख की संध्या को बाव के लिए प्रस्थित हो गया। वहाँ

पहुँचते-पहुँचते काफी अँधेरा हो गया था। उसी समय जोर की वर्षा प्रारंभ हो गई। आस-पास की सारी भूमि दलदल में परिवर्तित हो गई। रास्ते में एक छोटा सा नाला पड़ता था, जिस पर कोई पुलिया नहीं थी। जब लॉरियों का कारवाँ उस नाले के पास पहुँचा तो कुछ लोगों ने देखा कि नेताजी की कार नाले में डूबी जा रही है। सब लोगों के दिल धक् से रह गए। सभी लोग लॉरियों से कूद-कूदकर नेताजी की डूबती हुई कार की ओर झपटे। उन लोगों को यह देखकर बहुत तसल्ली हुई कि नेताजी कार में नहीं थे। वे सुरक्षित बाहर खड़े थे और अन्य गाड़ियों को निर्देश दे रहे थे कि थोड़ा चक्कर काटकर वे नाले को पार करें।

नाले को पार करने के पश्चात् कारवाँ फिर आगे बढ़ गया। वर्षा हो जाने के कारण गाड़ियाँ या तो फिसल रही थीं या दलदल में फँस जाती थीं। बड़ी मुश्किल से तख्ते डालकर उन्हें दलदल से बाहर निकाला जाता था। जब रास्ता बहुत खराब मिलता तो उनसे पैदल ही चलने के लिए कहा जाता था। चिकनी जमीन होने के कारण उन्हें पैदल चलने में भी बहुत कठिनाई होती थी। पैर फिसल-फिसल जाते थे। ऐसा लगता था जैसे वे बर्फ पर फिसलने का खेल खेल रहे थे।

किसी-न-किसी प्रकार नेताजी का यह दल बाव नदी के किनारे पहुँच गया। नदी के उस पार पहुँचना बहुत मुश्किल दिखाई देने लगा; क्योंकि हजारों जापानी सैनिक उस पार जाने की प्रतीक्षा में खड़े थे और कुछ जा भी रहे थे। पुल को शत्रु के बमवर्षकों ने उड़ा दिया था। पार जाने के लिए केवल एक ही नाव थी और पार करनेवालों की संख्या हजारों में थीं। लॉरियों को भी नाव पर चढ़ाकर ही उस पार करना था। सभी लोग जल्दी-से-जल्दी नदी पार कर लेना चाहते थे; क्योंकि प्रात:काल होते ही नरभक्षी विमान उनके सिरों पर मँडराने लगते और उन्हें निशाना साधने की आवश्यकता ही नहीं पड़ती; क्योंकि हजारों की संख्या में उनको अपने शिकार एक ही स्थान पर मिल जाते।

नेताजी ने स्थिति का निरीक्षण किया और निष्कर्ष निकाला कि रात्रि के शेष समय में सभी का उस पार जाना असंभव है। उन्होंने कर्नल मलिक को आदेश दिया कि वे नदी में ऐसे स्थान की खोज करें, जहाँ पानी में चलकर धारा को पार किया जा सके। कर्नल मलिक ने ऐसे स्थान की खोज कर ली। पानी में कर्नल मलिक और मेजर स्वामी खड़े हो गए और रानी झाँसी रजीमेंट की लड़कियों को उस स्थान से नदी को पार करने का आदेश दे दिया। बड़े साहस के साथ वे पानी में उतर पड़ीं। उनके साथ उनका सामान और राइफलें भी थीं। कुछ पानी को पार करके निकल गईं और कुछ को तैरना पड़ा और जो डूबने लगीं उन्हें कर्नल मलिक

और मेजर स्वामी ने सँभाला। अंततः वे सभी पार उतर गईं।

उधर नेताजी नाव के सहारे गाड़ियों को पार लगाने में लगे हुए थे। सभी का आग्रह था, और विशेष रूप से जापानी अधिकारियों का, कि पहले नेताजी को नदी पार कर लेनी चाहिए; पर इसके लिए वे राजी नहीं हुए। उनका कहना था कि जब तक उनका एक भी साथी नदी के इस पार रह जाएगा, वे नदी पार नहीं करेंगे। धीरे-धीरे उन्होंने अपने सभी साथियों को नदी के पार उतार दिया। अब वे इस प्रतीक्षा में खड़े थे कि उनकी कुछ गाड़ियों को भी नाव पर चढ़ाकर पार उतार दिया जाय। जापानी फौजियों ने अपनी उन सभी गाड़ियों में आग लगा दी, जिन्हें वे प्रातःकाल होने से पूर्व उस पार नहीं पहुँचा सकते थे। यदि वे ऐसा नहीं करते तो गाड़ियों को खड़ा देखकर उस संपूर्ण क्षेत्र पर गोलाबारी की आशंका थी। वह बड़ा ही भयानक दृश्य था, जब नेताजी नदी के किनारे खड़े हुए थे और जापानी गाड़ियाँ धू-धू करके जल रही थीं। धुआँ उठ रहा था। चीख-पुकार मची हुई थी और दौड़-धूप हो रही थी। नेताजी अविचल भाव से खड़े हुए व्यवस्था का निरीक्षण कर रहे थे। आखिर अपनी गाड़ियों को पार पहुँचाने में उन्हें सफलता मिली और सब के अंत में ही उन्होंने आखिरी खेप में नदी पार की। जिस समय नेताजी नदी के उस पार पहुँचे, लगभग सवेरा हो गया था। अब उनके सामने समस्या यह थी कि अपने साथियों को दिन भर कहाँ छिपाया जाय; क्योंकि प्रातःकाल के धुँधलके के साथ ही शत्रु के विमानों के झुंड-के-झुंड मशीनगनों से गोलियों की बौछार करते हुए उड़ान पर अपने शिकार की खोज करने लगते थे।

नेताजी ने पिछली रात आँखों-ही-आँखों में निकाली थी और अब उन्हें विश्राम की आवश्यकता थी। लेकिन वे विश्राम करते कैसे? अपने साथियों की सुरक्षा-व्यवस्था में वे एक बार फिर जुट गए। नदी के उस पार जहाँ नेताजी का दल पहुँचा, एक छोटा सा गाँव था, जिसका नाम अपिया था। इस गाँव में एक सभाभवन था, जो अत्यंत जीर्ण-शीर्ण स्थिति में था। उसके मालिक ने नेताजी का और उनके सभी साथियों का स्वागत किया। रात्रि भर के जागरण और थकान के कारण सभी लोग इधर-उधर लेट गए। प्रातःकाल हो ही गया था। अंग्रेजों के मृत्युदूत झुंड-के-झुंड अपने शिकार की खोज में निकल पड़े और उस उजाड़ गाँव में अपने शिकार की गंध पाकर उस पूरे गाँव पर उन्होंने मशीनगनों से गोलियों की धुआँधार वर्षा प्रारंभ कर दी। गोलियों की कई बौछारें उस सभा भवन पर भी छोड़ीं, जिसके नीचे नेताजी और साथी विश्राम कर रहे थे। नेताजी ने सबसे पहले झाँसी की रानियों के लिए सुरक्षित स्थान की व्यवस्था की और फिर अपने साथियों

को भी इधर-उधर छिपा दिया। सबको सुरक्षित स्थानों पर छिपा देने के पश्चात् वे बाहर खुले चबूतरे पर जाकर लेट गए। लेटते ही उनको गहरी नींद आ गई। इस बीच दूसरे चक्र की गोलियाँ छोड़ने के लिए शत्रु के विमान आए और भयंकर गोलियों की वर्षा प्रारंभ कर दी। वे गोलियाँ नेताजी के आस-पास गिरकर जमीन उधेड़ती रहीं, पर नेताजी थे कि गोलियों की वर्षा में भी सुख की नींद सो रहे थे। संयोग से झाँसी की एक रानी की दृष्टि चबूतरे पर सोए हुए नेताजी पर पड़ गई और वह बड़े जोर से चीख उठी। उसकी चीख सुनकर लोगों ने सोचा कि शायद कोई गोली उसको लग गई है, इसलिए कुछ लोग उसे सँभालने के लिए उसकी तरफ बढ़े। उसने इशारे से बताया कि बरसती हुई बौछारों में नेताजी खुले चबूतरे पर किस बेफिक्री के साथ सो रहे हैं। लोगों के दिल धक् करके रह गए! वे लोग 'नेताजी! नेताजी!' कहकर चिल्लाए; पर भला नेताजी कैसे सुनते! वे जाने कौन से सपने देख रहे थे। आखिर लोगों ने मिलकर नेताजी को हाथों पर उठाकर ले जाना चाहा, पर नेताजी ने क्रोध भरी हुंकार भरी और 'नहीं' कहकर करवट बदलकर फिर लेट गए। भला किसमें साहस था कि नेताजी के क्रोध की अवहेलना करके उन्हें बलपूर्वक उठाकर ले जाता। नेताजी सोते रहे और गोलियों की बौछारें उनके आस-पास पड़ती रहीं। उनका कहना कितना सच था, 'अभी ब्रिटेन ऐसे गोले या गोलियाँ नहीं बना सका है, जो सुभाषचंद्र बोस के प्राण ले सकें।'

सायंकाल हो गया था। पहले नेताजी स्वयं उठे और फिर उन्होंने अपने सभी साथियों को उठाया। किसी के खाने-पीने का कोई प्रश्न ही नहीं था। यात्रा करने के लिए उनके पास सर्वोत्तम समय रात्रि का ही होता था। दिन हुआ नहीं कि मृत्यु-दूत चक्कर काटने लगते थे। इस बार नेताजी ने अपने दल को दो समूहों में विभक्त किया। एक दल में जनरल भोंसले, जनरल चटर्जी, एस.ए. अय्यर तथा अन्य लोग थे। झाँसी की रानियों की आधी संख्या इस दल के साथ संयुक्त कर दी गई। दूसरे दल में फौज के अन्य अफसर और नेताजी स्वयं थे। झाँसी की शेष रानियाँ इस दल के साथ थीं।

पहला दल पहले निकल पड़ा। रास्ते में उन्हें कई कठिनाइयों का सामना करना पड़ा। उनकी लॉरी कीचड़ में फँस गई और उसे वहीं छोड़ना पड़ा। सारी रात बरसते हुए पानी में बड़ी धीमी गति से उन्होंने अपना रास्ता तय किया। सुबह होने के पहले यह दल नानकाशे गाँव में पहुँच गया।

जिस दल में नेताजी थे, वह भी पहले दल के निकलने के कुछ समय पश्चात् ही निकल पड़ा था। इस दल में नेताजी की एक कार के अतिरिक्त एक

लॉरी थी, जिसमें झाँसी की रानियाँ थीं। इस दल का भी वही हाल हुआ जो पहले दल का हुआ था। कीचड़ में फँस जाने के कारण कार और लॉरी, दोनों को वहीं छोड़ना पड़ा। छोड़ने के पहले उन्हें टहनियों और पत्तों से ढक दिया गया। यदि ऐसा न किया जाता तो शत्रु के विमान इनके दल की खोज करते। अब बरसते हुए पानी में यह काफिला पैदल ही आगे बढ़ा। सभी को अपना-अपना सामान अपनी पीठ पर लादकर चलना पड़ा। घनी अँधेरी रात और कीचड़ से भरा हुआ जंगल का रास्ता तथा बरसते हुए पानी में पीठ पर इतना बोझ लादे हुए सब-के-सब चले जा रहे थे। नेताजी स्वयं भी इस दल के साथ पैदल चल रहे थे। ऐसा नहीं कि उन्होंने अपना सामान किसी को दे दिया हो। वे अपना सामान स्वयं अपनी पीठ पर लादे हुए चल रहे थे और दूसरों का खयाल भी रख रहे थे। एक इतिहास-पुरुष अपनी विपद्-यात्रा पर चल रहा था। उसके पैरों में छाले उठ-उठकर फूटते जाते थे, पर फिर भी वह चला जा रहा था।

रानी झाँसी रेजीमेंट की रानियों का साहस देखने योग्य था। सड़कों पर घुटनों तक कीचड़ था। उनमें से प्रत्येक अपना सामान खुद लादे हुए चल रही थी। उस सामान में कपड़े, भोजन-सामग्री, कनस्तर, राइफल, गोला-बारूद, हथगोले और न जाने क्या-क्या था! एक-एक लड़की पैंतीस-पैंतीस पौंड वजन उठाकर चल रही थी। उस क्षेत्र में शत्रु से भिड़ने के लिए लड़कियों के हौसले बुलंद थे। सारी रात चलकर भी वे केवल दस मील का ही फासला तय कर पाए।

नेताजी का यह दल भी उसी गाँव में जा पहुँचा, जहाँ पहला दल विश्राम कर रहा था। दिन निकला और शत्रु के विमानों की चील-झपट प्रारंभ हो गई। झाँसी की रानियों ने गोलियों की बौछारों से छिपते-छिपाते भोजन तैयार कर लिया। भोजन क्या था, थोड़े से चावल उबाल लिये थे और सब्जियों के स्थान पर हरी पत्तियाँ बटोरकर कढ़ी तैयार कर ली थी। सभी लोगों ने भोजन किया। भोजन एक बार ही तो होता था और कभी-कभी मुँह तक आया हुआ ग्रास भी छिन जाता था; क्योंकि लड़ाकू विमानों की गोलाबारी से बचने के लिए सबकुछ ज्यों-का-त्यों छोड़कर भागना पड़ता था।

भोजन करने के पश्चात् नेताजी और साथी विश्राम करने के लिए लेट गए। वे फौजी बूट पहने हुए ही लेटे थे। रानी झाँसी रेजीमेंट की कमांडर श्रीमती जानकी थीवर्स उनके पास पहुँचीं और बोलीं, ''नेताजी! अपने पैरों के बूट खोल दीजिए, पैरों को विश्राम मिलेगा।''

नेताजी ने अपने बूट खोल दिए और अपने मोजे पहने हुए ही लेटे रहे।

श्रीमती थीवर्स ने फिर कहा, ''नेताजी! अपने मोजे उतारकर मुझे दे दीजिए। मैं उनको धो दूँगी।''

नेताजी ने जानकी की तरफ देखा और बोले, ''अपनी बेटी से सेवा कराते हुए मुझे शर्म नहीं आएगी?''

''तो नेताजी! मुझे अपना बेटा ही समझ लीजिए।''

''समझ कैसे लूँ! तुम बेटी हो, बेटी ही रहोगी।''

''पर नेताजी! आपके यहाँ बंगाल में तो बेटी भी अपने पिता के चरण-स्पर्श करती है और बेटे की तरह सेवा करती है।''

''इस समय मैं बंगाली नहीं, भारतीय हूँ। हम सब भारतीय हैं। प्रांतीयता की इस संकीर्णता को हमें छोड़ देना चाहिए।''

''नेताजी! प्रांतीयता की बात आप बीच में क्यों ले आए? मेरा तो इतना ही कहना है कि आप मुझे अपना बेटा समझकर मोजे उतारकर दे दीजिए। आपने बेटा समझकर ही तो मुझे बंदूक पकड़ा दी है। थोड़ी देर के लिए भूल जाइए कि मैं बेटी हूँ।''

बंदूक पकड़ा देने की बात सुनकर नेताजी हँस पड़े। उनकी हँसी ने स्वयं उनकी और साथियों की थकान दूर कर दी।

उन्होंने अपने मोजे उतारकर श्रीमती जानकी थीवर्स को दे दिए। नेताजी के मोजे उतर गए थे। सभी लोगों ने उनके नंगे पैर देखे। सभी ने देखा कि उनके दोनों पैरों में फफोले पड़े हुए थे। तभी तो वे अपने मोजे नहीं उतार रहे थे। श्रीमती जानकी की आँखें तो छलछला आईं। मोजे लेकर वे उन्हें धोने के लिए चली गईं।

शाम हुई और कूच फिर प्रारंभ हो गया। उस रात उन्होंने पंद्रह मील का रास्ता तय किया। इस दल के सामने अब लहराती हुई सितांग नदी थी, जिसे पार करना आवश्यक था।

जब नेताजी का दल सितांग नदी पार करने के लिए तट पर पहुँचा तो उन्होंने देखा कि वहाँ जापानी अफसरों और सैनिकों का जमघट पहले से ही था। किनारे पर कहीं खड़े होने की जगह भी दिखाई नहीं दे रही थी। नेताजी ने जापानी अफसरों पर व्यक्तिगत प्रभाव डाला, तब कहीं सुबह होते-होते उनका दल सितांग नदी पार कर सका। नदी पार करने के पश्चात् नेताजी ने सबके ठहरने की व्यवस्था की।

नदी पार करने के पश्चात् नेताजी जिस स्थान पर ठहरे, वहाँ शत्रु के लड़ाकू विमानों ने मशीनगनों से भयंकर हमला बोल दिया। इस बार उन्होंने ऐसी कोई जगह नहीं छोड़ी, जहाँ गोलियाँ न बरसाई हों। नेताजी जिस स्थान पर थे, वहीं

निकट ही ले. नजीर अहमद थे। एक गोली उनकी जाँघ में जा धँसी और दस दिन पश्चात् मोलमीन के अस्पताल में उनकी मृत्यु हो गई।

बैंकॉक पहुँचने के लिए नेताजी के दल को सितांग से मोलमीन जाना था। उन्होंने दल का संचालन-भार मेजर जनरल मोहम्मद जमान कियानी को दे दिया और एक आज्ञाकारी सैनिक की भाँति ही उनके अनुशासन में चलने लगे। जनरल कियानी ने सबको पंक्तिबद्ध किया और बताया कि खतरे के समय कौन-कौन से निर्देश दिए जाएँगे और कौन-कौन से सुरक्षात्मक उपाय अपनाए जाएँगे।

जनरल कियानी के नेतृत्व में यह काफिला मोलमीन के रास्ते पर चल पड़ा। सभी लोग पैदल ही चल रहे थे। जापानी जनरल इसोदा और श्री हाचिया भी इस दल के साथ हो लिये थे। श्री हाचिया आजाद हिंद सरकार के लिए राजदूत नियुक्त किए गए थे। जापानी जनरल को पैदल चलना अखर रहा था; पर क्या किया जा सकता था। चूँकि नेताजी भी पैदल चल रहे थे, इसलिए उन्हें भी पैदल चलना पड़ रहा था। एक बार जनरल इसोदा ने नेताजी के सामने कार में बैठकर चलने का प्रस्ताव भी रखा, पर नेताजी ने उसे स्वीकार नहीं किया।

थोड़ी देर चलने के पश्चात् जनरल इसोदा परेशान हो गए। बार-बार खतरे के संकेत मिल रहे थे और सभी को सड़कों के दोनों ओर छिप जाना पड़ता था। जनरल इसोदा चाहते थे कि नेताजी कार में बैठ जाएँ तो वे स्वयं भी उनके साथ कार में बैठकर निकल जाएँ। इस बार जनरल इसोदा ने नेताजी से कार में बैठने का फिर आग्रह किया। उनका प्रस्ताव सुनकर नेताजी भड़क उठे, ''मैं आपसे एक बार कह चुका हूँ कि मैं आपकी कार में नहीं बैठूँगा। क्या आप अपनी कार में मेरी सैनिक बेटियों और बेटों सभी को बैठा सकते हैं ? क्या आप समझते हैं कि मैं बर्मा का राष्ट्रपति बॉ मॉ हूँ, जो अपने साथियों को छोड़कर स्वयं ही भाग जाऊँगा ?''

नेताजी की यह फटकार सुनकर जापानी जनरल चुपके से खिसक गए। अपने दल के साथ नेताजी सबसे आगे चल रहे थे। पैरों में टॉप बूट पहने हुए थे। उनके पैर फफोलों से पूरी तरह भरे हुए थे, फिर भी उनका एक भी कदम धीमा नहीं पड़ रहा था।

सवेरा होने को था। जनरल कियानी ने रुकने का आदेश दिया। सब लोग सड़क के दोनों ओर धूल में ही बैठ गए। रात भर जागने और चलने के कारण सब लोग इतने थक गए थे कि यदि उन्हें काँटों पर भी बैठने के लिए कहा जाता तो वे बैठ जाते। उनके सामने दो समस्याएँ थीं। पहली समस्या थी—शत्रु के विमानों से बरसती हुई गोलियों से बचने के लिए सुरक्षित स्थान की और दूसरी समस्या थी—

पीने के पानी की; क्योंकि जो पानी वे अपने साथ लेकर चले थे, वह समाप्त हो गया था।

सब लोगों को बैठने का आदेश देकर जनरल कियानी सुरक्षित स्थान खोजने के लिए चल पड़े। सूर्योदय होने के पहले ही वे लौट आए और सभी को एक ऐसे जंगली स्थान पर ले गए जहाँ घने वृक्ष थे। दूसरा दल, जिसका नेतृत्व जनरल भोंसले कर रहे थे, वह भी वहाँ पहुँच गया। उस दिन हमलावर विमानों ने अपना काम कुछ जल्दी प्रारंभ कर दिया और जिन वृक्षों की ओट में नेताजी के दल ने आश्रय लिया था, उनपर अधिक गोलियाँ बरसाईं। नेताजी के साथियों को भी गोलियों की कुछ ऐसी आदत पड़ गई थी कि यदि किसी दिन शत्रु के विमान गोलियों की वर्षा न करें तो उन्हें सूना-सूना लगता था।

जंगली वृक्षों के झुरमुट में सबको ठहराने के पश्चात् नेताजी ने निर्णय किया कि थकान दूर करने के लिए सबको चाय पिलाई जाय। उन्होंने स्वयं ही चाय बनाकर सबको पिलाई। एक नाले से पानी लाकर उसे रेत के माध्यम से साफ करके उबाला गया और पीने के योग्य बनाया गया।

दल के साथ भोजन-सामग्री समाप्त हो गई थी। सबको चाय पिलाकर नेताजी ने विश्राम के लिए प्रेरित किया और सब-ऑफीसर मि. डे को बुलाकर निकट के गाँव में भोजन-सामग्री तलाश करने को भेजा। मि. डे गाँव में गए और भोजन सामग्री खरीदकर ले आए। झाँसी की रानियाँ भोजन तैयार करने में लग गईं। इसी समय शत्रु के विमानों के आने की गड़गड़ाहट सुनाई दी। भोजन बनाने के लिए जो आग जलाई गई थी, वह बुझा दी गई। आग इसलिए बुझाई गई कि धुएँ से शत्रु को उनकी उपस्थिति का पता चल जाता और दाल-चावल के स्थान पर मशीनगन की गोलियाँ खाने को मिलतीं। उस दिन शत्रु के विमान अधिक सक्रिय रहे और आग बार-बार बुझानी पड़ी। आखिर किसी तरह भोजन तैयार हो गया। नेताजी सबको खिलाने-पिलाने के पश्चात् ही भोजन करते थे। कभी-कभी तो उनके स्वयं के लिए कुछ भी नहीं बचता था। वे मनोविनोद में कह देते थे कि आज तो मेरा व्रत है।

उस दिन सबको खिलाने-पिलाने के पश्चात् और स्वयं बिना कुछ खाए कंबल का एक टुकड़ा बिछाकर वे उसपर बैठ गए और किसी गहन चिंतन में डूब गए। उनकी दाढ़ी बढ़ी हुई थी और रूखे-सूखे केश बेतरतीबी से हवा में उड़ रहे थे। भूख और थकान के कारण उनका अंग-अंग टूट रहा था। उनके सूखे होंठ स्वच्छ पानी और गरम चाय के लिए तरस रहे थे। फिर भी वे चिंतन-मग्न होकर एक ही बात सोच रहे थे कि साथियों को किस प्रकार जीवित रखा जाय और यात्रा

के अंत तक सुरक्षित रखकर उन्हें गंतव्य तक कैसे पहुँचाया जाय?

भूख, प्यास और शारीरिक थकान की दशा में भी संध्या होते ही नेताजी अपने दल के साथ फिर चल पड़े। आज वे कुछ लँगड़ाकर चल रहे थे; क्योंकि उनके दोनों पैरों में फफोले उठ-उठकर फूट रहे थे। फिर भी वे किसी से पीछे नहीं रहे। पड़ाव पर पहुँचकर, वे अपना कंबल बिछाकर लेट गए और उन्हें नींद आ गई। दिन भर उनका दल आम्रकुंज के नीचे रहा और संध्या समय सौभाग्य से उन्हें चार लॉरियाँ उपलब्ध हो गईं। नेताजी ने पहले झाँसी की रानियों को बैठाया और फिर उन लोगों को बैठाया, जो अधिक अशक्त और थके हुए थे। वे स्वयं किसी गाड़ी में नहीं बैठे; क्योंकि उनका संकल्प था कि यदि उनका एक भी साथी गाड़ी के बाहर रहा तो वे पैदल ही चलेंगे।

एक दल को आगे गाड़ियों से भेजकर शेष दल के साथ नेताजी लँगड़ाते हुए चल रहे थे। लॉरियोंवाला दल विलिन नदी के किनारे पहुँच गया। बड़ी कठिनाई और संकट की स्थिति में नदी पार की। वे लोग लॉरियों में ही बैठे रहे और लदी हुई लॉरियों को नदी पर बिछे हुए तख्तों पर उतारा गया। यदि किसी गाड़ी का कोई पहिया जरा भी इधर या उधर हो जाता तो उन सभी को जल-समाधि लेनी पड़ती। पैदल चलने के कारण नेताजी का दल चौबीस घंटे देर से नदी के किनारे पहुँचा।

लॉरीवाला दल मर्तबान की खाड़ी के निकट पहुँच गया और वहाँ उसने एक आश्रय-स्थल देखकर डेरा डाल दिया। सभी लोग नेताजी के विषय में चिंतित थे; क्योंकि उन्हें पैदल चलना पड़ रहा था और रास्ते में छापामार दलों का खतरा बढ़ गया था। बर्मा की फौज जापान के खिलाफ हो गई थी और उसके छापामार दल यदा-कदा जापानी सेना पर हमला बोल देते थे। यद्यपि बर्मी छापामार दलों ने आजाद हिंद फौज पर कभी हमला नहीं किया और न कभी तंग किया, पर हो सकता था कि वे उसे जापानी सेना समझकर हमला कर देते। कई बार तो उनकी गोलियों की गूँज भी सुनाई दी।

जापानी लोग नेताजी की हठ के मारे परेशान थे। आखिर उन्होंने जैसे-तैसे एक लॉरी की व्यवस्था की और उसमें बैठकर नेताजी अपने शेष साथियों के साथ आगेवाले दल से जा मिले।

अपने दल के साथ नेताजी जिस गाँव में जाकर ठहरे, वह शत्रु की बमबारी से उजाड़ हो चुका था। एक नसैनी के सहारे नेताजी एक मचान पर चढ़े और कंबल बिछाकर लेट गए। लेटते ही उनकी आँख लग गई। आधा घंटा सोने के पश्चात् नेताजी उठ बैठे और एक नक्शा बिछाकर वे उसका अध्ययन करने लगे।

उन्होंने बिना दूध की काली चाय (लिकर) पीकर स्वयं को ताजा किया और चलने की योजना बना डाली। रात भर चलने के बाद अगले दिन उनका दल एक गाँव के खंडहरों में जाकर ठहरा।

उस दिन नेताजी का दल गाँव के एक खंडहर में ठहरा हुआ था। झाँसी की रानियों ने भोजन तैयार किया। वे लोग भोजन करने बैठे ही थे कि शत्रु के विमानों ने गोलियों की वर्षा प्रारंभ कर दी। मुँह तक आया हुआ भोजन छोड़कर सबको भागना पड़ा। रह-रहकर गोली-वर्षा घंटों तक होती रही और उनमें से कोई भी भोजन नहीं कर सका। संध्या होते ही सबको फिर आगे भागने की पड़ी। अपने इतने बच्चे-बच्चियों को भूखे रहते देखकर भी अपने युग के उस राणा प्रताप के मन में अंग्रेजों के सामने झुकने या उनसे संधि-वार्त्ता करने का विचार भी नहीं आया।

अगले दिन नेताजी ने विश्राम-स्थल पर सबको एकत्रित किया और आगामी योजना उनके सामने रख दी। उन्होंने स्पष्ट रूप से यह स्वीकार किया कि बर्मा के मोरचे पर हमारी पराजय हुई है, पर हमारे दिल टूटे नहीं हैं। विशेष रूप से उन्होंने रानी झाँसी रेजीमेंट के साहस और वीरता की प्रशंसा की, जो अपने सैनिक भाइयों के समान ही कष्ट भोगते हुए किसी भी परेशानी से विचलित नहीं हो रही थीं। नेताजी के उद्बोधन से सभी के मन में आशा और उत्साह का संचार हुआ।

मोलमीन से नेताजी का पूरा दल एक हो गया। वहाँ वे दल भी पहुँच चुके थे, जो अन्य रास्तों से चले थे। मोलमीन से यह दल मालगाड़ी द्वारा बैंकॉक पहुँच गया। मालगाड़ी के डिब्बों और इंजन पर पत्तियाँ बिछाई गई थीं, फिर भी बम-वर्षकों ने हमले किए; पर सौभाग्य से कोई हानि नहीं हुई। थाई रेल अधिकारियों ने नेताजी को पटरी पर चलनेवाली मोटर ट्रॉली दे रखी थी और इस ट्रॉली से वे अपने साथियों की सुख-सुविधाओं का ध्यान रख रहे थे।

नेताजी का दल १६ मई को बैंकॉक जा पहुँचा। इक्कीस दिनों की उनकी यह विपद्-यात्रा अविस्मरणीय थी। बैंकॉक में दल का कुछ भाग सेवकराम मेहतानी के घर और कुछ भाग रघुनाथ शास्त्री के घर ठहरा। सभी कमरे नेताजी और दल के लोगों को देकर गृह-स्वामी और गृह-स्वामिनी नौकरों के कमरों में रह रहे थे। अब नेताजी इस चिंता में लीन हो गए कि आजाद हिंद फौज का नया शिविर कहाँ स्थापित किया जाय।

□

सिंगापुर फिर कार्य-स्थल

सुविधाओं और असुविधाओं को तौलकर नेताजी ने सिंगापुर को फिर से अपना कार्य-स्थल बना लिया। वे जुझारू प्रवृत्ति के संघर्षशील व्यक्ति थे। इस बार उन्होंने प्रचार मोरचा सँभाला और अंग्रेजी हुकूमत के झूठे प्रचार की धज्जियाँ उड़ाने लगे।

भारत में आकाशवाणी पर नेताजी के भाषण सुनने पर पाबंदी लगा दी गई; लेकिन पढ़ा-लिखा वर्ग तो चोरी-छिपे उनके भाषण सुनता ही था। कहते हैं कि गांधी आश्रम के लोग भी चोरी-चोरी उनके भाषण सुनते थे। भारत में प्रसारित होनेवाले भाषणों के लिए नेताजी ने कुछ ऐसी बातें चुन ली थीं, जो प्रतिदिन दुहराई जाती थीं। तात्त्विक दृष्टि से महत्त्वपूर्ण होने के कारण नेताजी चाहते थे कि भारत के लोग उन बातों को अवश्य जानें।

इसी बीच बेवल कॉन्फ्रेंस हुई। नेताजी अपने भाषणों द्वारा यह भी बता देते थे कि भारत के वाइसराय लॉर्ड बेवल के दाहिनी ओर कौन बैठा है और बाईं ओर कौन। उन्होंने भारत में गजब की जासूसी व्यवस्था कायम कर रखी थी।

□

सिंगापुर का सौभाग्य

सिंगापुर को यह सौभाग्य मिला कि वहाँ अंतिम बार 'नेताजी सप्ताह' मनाया गया। ४ से १० जुलाई, १९४५ तक लगातार किसी-न-किसी ऐसे कार्यक्रम का आयोजन किया गया, जिससे आजाद हिंद फौज और जनता में नए जीवन का संचार हुआ। चलिए, हम प्रत्येक दिन के कार्यक्रम की समीक्षा करते हैं।

नेताजी सप्ताह की योजना कई समाचार-पत्रों में प्रकाशित हो चुकी थी। पूर्व एशिया की प्रमुख संवाद संस्था डोमाई ने लिखा—'मलाया और पूर्व एशिया में एक महान् उत्सव की तैयारियाँ हो रही हैं। पूर्व एशिया के सभी हिंदुस्तानी सृष्टि के अंत तक अपने प्यारे नेता का साथ देने के लिए तैयार हैं। उनका उद्देश्य भारत को विदेशी शासन से मुक्त कराना है।'

निश्चित रूपरेखा के अनुसार ४ जुलाई, १९४५ को सिंगापुर में 'नेताजी सप्ताह' का कार्यक्रम प्रारंभ हो गया।

४ जुलाई : राष्ट्रकवि का सम्मान

सिंगापुर के भारतीय नागरिक ४ जुलाई की सुबह एक नई उमंग लेकर उठे। उस दिन प्रमुख पत्र 'श्योनान शिंबुन' ने अपना विशेषांक निकालकर भारत की आजादी की रूपरेखा उसमें प्रकाशित की।

प्रातः आठ बजे आजाद हिंद रेडियो सिंगापुर से प्रसारण का कार्यक्रम प्रारंभ हुआ। सबसे पहले आजाद हिंद सरकार का नव-रचित राष्ट्रीय गीत गाया गया। गीत के पश्चात् कुछ और राष्ट्रीय कविताओं का पाठ हुआ। तत्पश्चात् श्री सारंगपाणि ने तमिल भाषा में संक्षिप्त भाषण प्रसारित करके नेताजी सप्ताह का महत्त्व प्रतिपादित किया।

प्रसारण कार्यक्रम के पश्चात् नगर-फेरी का कार्यक्रम हुआ। 'आजाद हिंद

स्कूल' तथा 'इंडियन नेशनल कॉलेज' के छात्र जुलूस बनाकर निकले। एक ओर से बाल-सेना का जुलूस और दूसरी ओर से नागरिकों का जुलूस भी प्रमुख जुलूस में आ मिला। सारे शहर में घूमने के पश्चात् प्रात: दस बजे चल-समारोह वाटरलू स्ट्रीट पर स्थित आजाद हिंद संघ के कार्यालय पर पहुँच गया।

आजाद हिंद संघ के कार्यालय पर झंडा फहराने की रस्म चीफ ऑफ द स्टाफ—अर्थात् जनरल जगन्नाथराव भोंसले ने की। सभी भारतीयों ने राष्ट्रीय ध्वज को प्रणाम किया और भारत की आजादी के लिए मर-मिटने का संकल्प दुहराया।

प्रात: छह बजे एक विस्तृत मैदान में आमसभा हुई, जिसमें बारह हजार भारतीय उपस्थित हुए। इन भारतीयों में आजाद हिंद फौज के अफसर और सैनिक, बाल-सेना के सदस्य, रानी झाँसी रेजीमेंट की सदस्याएँ, अन्य नागरिक गण तथा आजाद हिंद सरकार के मंत्री एवं उच्च विदेशी अधिकारी सम्मिलित थे। इस सभा में कुछ बाल-वीरों के भाषण हुए और उनसे कुछ प्रश्न पूछे गए, जिनके उत्तर उन्होंने तड़ाक-फड़ाक दिए।

सायंकाल सभा का कार्यक्रम राष्ट्रगीत से प्रारंभ हुआ। राष्ट्रगीत के पश्चात् आजाद हिंद रेडियो के वाद्य-समूह ने युद्ध की एक धुन बजाई। तत्पश्चात् आजाद हिंद संघ के पदाधिकारियों द्वारा नेताजी को पुष्पहार समर्पित किए गए।

नेताजी बोलने के लिए खड़े हुए और उन्होंने लोगों को राष्ट्रगीत का महत्त्व समझाया, "यह गीत कोई साधारण गीत नहीं, हमारे हृदय के रक्त से लिखा गया उच्चतम साहित्य का एक अंश है। प्रत्येक जाति के पुनरुत्थान में उसकी राष्ट्रीय कविता का प्रमुख स्थान होता है। कवि अपने युग का उन्नायक होता है। जो कवि अपने युग से नाता तोड़ लेता है, वह सरस्वती के शाप का अधिकारी होता है। किंतु जो राष्ट्र अपने राष्ट्रीय कवि का सम्मान नहीं करता, वह कभी संस्कृति के शिखर पर नहीं चढ़ सकता। हम यहाँ आजाद हैं। हमारे कवि अपने युग के अनुरूप क्रांतिकारी कविताएँ लिखते हैं और हम भी अपने कवियों का सम्मान करते हैं।"

कवि के कर्तव्य और समाज के कर्तव्य की संक्षिप्त विवेचना करके नेताजी ने राष्ट्रीय गीत के गीतकार जनाब मुम्ताज हुसैन को दस हजार डॉलर की भेंट प्रदान की। श्री मुम्ताज हुसैन पहले व्यक्ति थे जिन्हें आजाद हिंद सरकार की ओर से 'राष्ट्रकवि' का सम्मान प्रदान किया गया। उन्होंने भेंट में प्राप्त वह धनराशि आजाद हिंद कोष को प्रदान कर दी। जनता अपने कवि पर अभिमान से गर्वित हो उठी।

कवि का सम्मान करने के पश्चात् नेताजी ने अपना भाषण जारी रखते हुए अंतरराष्ट्रीय स्थिति का विश्लेषण करते हुए कहा, "भारत की आजादी के लिए

ब्रिटिश और अमेरिकन साम्राज्यवाद का विरोध करने के लिए यदि साम्यवाद को सहयोग देकर हमें आजादी की लड़ाई जारी रखनी पड़े तो हम उसे जारी रखेंगे। आजाद हिंद सरकार ने तो यह निश्चित कर लिया है कि हम हर हालात में लड़ेंगे। जब तक हमारे पास एक भी सैनिक और एक भी टूटी हुई बंदूक है, हम तब तक अपने शत्रु से लड़ेंगे।

"कुछ साथियों को खुद हथियार उठाने होंगे और कुछ को धन से सहयोग देना होगा। अपने साथी सैनिकों से मैं एक ही चीज चाहता हूँ—खून, ताजा गरम खून। याद रखो, मात्र पूर्व एशिया ही नहीं वरन् जहाँ भी हमें दुश्मन मिलेगा, हम उससे वहीं लड़ेंगे।

"साथियो! इससे पूर्व कि आप इस ऐतिहासिक स्थान से वापस जाएँ, मैं आप लोगों से निश्चयपूर्वक यह जानना चाहता हूँ कि आप लोगों में से कितने आखिरी दम तक लड़ाई में हमारा साथ देंगे ? मैं नारा नहीं चाहता, जोश का उबाल नहीं चाहता। यह जिंदगी और मौत का सवाल है; यह धर्म और ईमान का सवाल है और यह इनसानियत और ईश्वर का सवाल है। सोचो, समझो, तब निर्णय करो। वे आगे खड़े हो जाएँ, जो अंतिम क्षण तक लड़ने के लिए तैयार हों—इसकी चिंता किए बिना कि देश की राजनीतिक पार्टियाँ क्या कर रही हैं!"

नेताजी के भाषण के पश्चात् दो-चार क्षण तक सन्नाटा रहा। लोगों ने प्रश्नवाचक नजरों से एक-दूसरे को देखा। सभी के चेहरों पर दृढ़ संकल्प के भाव थे। उसी समय हवा का एक तेज झोंका आया और सिर पर लटकता हुआ भारतीय तिरंगा ध्वज फड़फड़ा उठा। हर्ष की हिलोर लोगों के चेहरों पर दौड़ गई। दबे हुए सीने उभर आए। सारी सभा लहराकर एक साथ खड़ी हो गई।

हजारों लोगों का सम्मिलित स्वर गूँज उठा, "हम सब तैयार हैं!"

संध्या के समय मंदिरों में विशेष रूप से आरती हुई और उपासकों ने अपने देवताओं से हिंदुस्तान की आजादी की दुआ माँगी। मसजिदों में मुल्लाओं ने खुदा से अपने वतन पर रहमत का साया रखने की इबादत की और गिरजाघरों में खुदा को याद दिलाई गई कि उसका इकलौता बेटा इनसानियत की रक्षा के लिए क्रॉस पर लटका था।

५ जुलाई : खेल-कूद

अगले दिन अर्थात् ५ जुलाई को सैनिकों के विशेष कार्यक्रम संपन्न हुए। प्रातः दस बजे बिदादरी के मैदान में आजाद हिंद फौज की विशेष परेड हुई। डिप्टी

चीफ ऑफ स्टाफ उस समारोह के अध्यक्ष थे। आज़ाद हिंद फौज और रानी झाँसी रेजीमेंट की सभी शाखाएँ वहाँ उपस्थित थीं। दस बजे नेताजी के आगमन के साथ परेड प्रारंभ हुई। नेताजी को सलामी दी गई। फौजियों का अभिवादन स्वीकार करके नेताजी ने सैनिक गतिविधियों के विषय में विशेष परामर्श दिए और जो गतिविधियाँ उन्होंने यूरोप में देखी थीं, उनके विवरण प्रस्तुत किए।

सायंकाल चार बजे सेना के खेल-कूद हुए। जालान बेसर के मैदान में आजाद हिंद सरकार ने एक बहुत बड़ा स्टेडियम बनाया था। इसी स्टेडियम में खेल-कूद संपन्न हुए।

संध्या समय सात बजे एक प्रमुख नागरिक श्री मगनलाल ने आजाद हिंद रेडियो पर भाषण देते हुए नागरिकों से अपील की कि वे फौज की आवश्यकताओं की पूर्ति के लिए उदारतापूर्वक तैयार रहें। इस प्रसारण भाषण के पश्चात् उस दिन का कार्यक्रम समाप्त हुआ।

६ जुलाई : 'दिल्ली चलो' फिल्म का प्रदर्शन

इस दिन सिंगापुर स्थित सैनिक अस्पताल का निरीक्षण हुआ, जहाँ बीमारों और घायलों की सेवा रानी झाँसी रेजीमेंट की सदस्याएँ तथा कुछ नागरिक बहनें कर रही थीं। नेताजी ने उनकी सेवा-भावना की प्रशंसा की और उन्हें पदक वितरित किए।

अपराह्न तीन बजे एक आमसभा हुई, जिसमें युद्ध-कोष को बढ़ाए जाने के उपायों पर विचार किया गया। कुछ धनिकों ने इस सभा में राशियाँ भेंट कीं और कुछ ने वादे किए।

संध्या सात बजे आजाद हिंद संघ के एक प्रमुख सदस्य श्री फखरुद्दीन ने तमिल भाषा में रेडियो पर भाषण दिया। उनके पश्चात् खुले मैदान में सार्वजनिक रूप से 'दिल्ली चलो' नाम के वृत्त-चित्र का प्रदर्शन हुआ, जो बहुत प्रभावशाली रहा। इसी प्रकार का एक वृत्त-चित्र नेताजी ने जर्मनी में भी बनवाया था, जो शत्रु-पक्ष के हाथों में पड़ गया था।

७ जुलाई : सैनिकों का सहभोज

इस दिन बिदादरी कैंप में सैनिकों के सहभोज का आयोजन किया गया, जिसमें नेताजी प्रमुख अतिथि थे। नेताजी इस सहभोज में सम्मिलित हुए और उन्होंने सैनिकों तथा अफसरों के साथ अपनी परिहासात्मक वार्त्ता से आनंद की

सृष्टि की। नेताजी के मंत्रिमंडल के एक साथी श्री अलगप्पन मोटे बहुत थे। बातचीत के बीच श्री अलगप्पन ने बताया कि गाय का दूध पीने से आदमी बुद्धिमान होता है, मोटा नहीं और भैंस का दूध पीने से बुद्धि उतनी नहीं बढ़ती जितना शरीर बढ़ जाता है।

नेताजी ने फौरन चुटकी ली, ''शायद श्री अलगप्पन स्वानुभव से यह बात कह रहे हैं।''

हँसी के खूब ठहाके लगे। नेताजी का विनोद बहुत बारीक और शिष्ट हुआ करता था।

८ जुलाई : शहीद स्मारक का शिलान्यास

'नेताजी सप्ताह' के अंतर्गत यह दिन सबसे अधिक मार्मिक माना गया। नेताजी सिंगापुर के समुद्र के किनारे उन सभी शहीदों के स्मारक का शिलान्यास करनेवाले थे, जिन्होंने भारत की आजादी के लिए अपने प्राण गँवाए थे।

नेताजी का भावुक हृदय उन अफसरों और सैनिकों की याद में भर आया, जो उनके एक इशारे पर अपने सुख-सपनों को छोड़कर भारत की आजादी के लिए मौत की राह पर चल दिए। नेताजी उनसे कहा भी करते थे कि इस समय मैं तुम्हें केवल भूख, प्यास, कष्टप्रद कूच और मौत के सिवाय और कुछ नहीं दे सकता। और सचमुच ही भारत की आजादी के उन दीवानों ने भूख, प्यास एवं मौत के सिवाय और कुछ नहीं चुना। माँ की पावन गोद और पिता की स्नेहिल छाया से बहुत दूर—अपनी पत्नियों, अपने बच्चों और अपने बंधु-बांधवों के अपनेपन से बहुत दूर वे भारत की आजादी के लिए विदेशों के पर्वतों, मैदानों और जंगलों में 'जय हिंद' के नारे के साथ अंतिम साँसें गिनकर सदा-सदा के लिए आँखें मूँद चुके थे। नेताजी देश के इन शहीदों की स्मृति में रो पड़ते थे। वे चाहते थे कि उनकी स्मृति को अक्षुण्ण रखने के लिए कोई अच्छा स्मारक बनाया जाए।

नेताजी की कल्पना आज साकार हो रही थी। ८ जुलाई का दिन आजाद हिंद फौज के शहीदों की पावन याद लिये उदित हुआ था। आज आजाद हिंद फौज के शहीदों के स्मारक की नींव डाली जाने वाली थी। स्मारक के लिए नेताजी ने जो स्थान चुना था, वह ऐतिहासिक और महत्त्वपूर्ण था। उस स्मारक के लिए समुद्र-तट पर कनॉट ड्राइव का स्थल चुना गया था। यह ऐसा स्थल था, जिसपर जहाज से उतरनेवाले यात्रियों की सबसे पहले दृष्टि पड़ती थी। इसी स्थल पर सबसे पहले नेताजी ने एक सभा में आजाद हिंद फौज के संगठन का प्रस्ताव रखा था।

उत्सव के दिन कनॉट ड्राइव को जानेवाले तीनों राजमार्गों के दोनों ओर आजाद हिंद फौज के गर्वीले सैनिक अपने-अपने फौजी गणवेश में सीना ताने खड़े हुए थे। उत्सव में सम्मिलित होनेवाले आगत अतिथियों के स्वागत के लिए झाँसी की रानियाँ भी काफी दूर-दूर तक खड़ी हुई थीं। उत्सव में शामिल होने के लिए बड़े-बड़े जापानी अफसर, विदेशी राजदूत और प्रतिष्ठित नागरिक उपस्थित थे।

उस दिन सिंगापुर स्थित 'आजाद विद्यालय' और 'भारतीय राष्ट्रीय विद्यालय' की छुट्टी थी। इन विद्यालयों के बच्चे, जो बाल-सेना के सदस्य थे, सुंदर खाकी वरदी पर एक रेशमी तिरंगा स्कार्फ लगाकर और छोटे-छोटे झंडे हाथों में लेकर 'जन-गण-मन' गीत गाते हुए कनॉट ड्राइव की ओर बढ़े चले जा रहे थे।

छोटी-छोटी बालिकाएँ भी अपने भाइयों से पीछे नहीं थीं। वे भी तीन रंगोंवाले परिधान धारण किए हुए घूम-घूमकर फूलों के गुलदस्ते बेच रही थीं। आनेवाले अतिथिगण शहीद स्मारक की शिला पर चढ़ाने के लिए उन बालिकांओं से अधिक मूल्य देकर गुलदस्ते खरीद रहे थे। फूल बेचकर जो निधि एकत्रित हुई, वह उन बालिकाओं ने अपनी टोली नायिका के माध्यम से स्मारक कोष में जमा कर दी।

मुख्य मंच को तीन ओर से रानी झाँसी रेजीमेंट की सदस्याओं ने घेर रखा था। प्रवेश-द्वार पर आजाद हिंद फौज का बैंड बज रहा था। प्रवेश-द्वार के सामने दो कतारों में बाल-सेना खड़ी थी।

प्रातःकाल ठीक ग्यारह बजे नेताजी की कार उत्सव-स्थल पर पहुँची। वे अपनी फौजी पोशाक में थे। आज वे बहुत गंभीर थे। फौज ने उन्हें सलामी दी। अभिवादन स्वीकार करके नेताजी झंडे के स्तंभ की ओर बढ़ गए। रानी झाँसी रेजीमेंट की कमांडर कैप्टेन श्रीमती जानकी थीवर्स ने आगे बढ़कर झंडे की डोर नेताजी के हाथों में दे दी। नेताजी ने डोर खींची और राष्ट्रीय झंडा फहरा उठा। आजाद हिंद फौज के बैंड ने राष्ट्रीय धुन बजाई। बाल-सेना कूच करती हुई और 'कौमी निशाँ लहराए जा' गीत गाती हुई झंडे के पास पहुँची तथा उसके नायक ने, जिसकी अवस्था केवल चौदह वर्ष की थी, एक गुलदस्ता नेताजी को भेंट किया।

नेताजी मंच पर पहुँचे और अपना उद्‌बोधन प्रारंभ किया, "हम हिंदुस्तानियों के लिए आज वह दिन है, जो हमेशा हमारे दिमाग पर नक्श रहेगा। जहाँ इस तिथि का उल्लेख रहेगा, हमारे इतिहास के उन पृष्ठों को पढ़ते हुए आजाद हिंदुस्तान के निवासियों की नजरें आँसुओं से धुँधली हो जाया करेंगी।

"हम आज यहाँ उन शहीदों को श्रद्धांजलि देने आए हैं, जिन्होंने भारत माता की आजादी के लिए अपने प्राणों की भेंट चढ़ाई है। हमारी आजाद हिंद सरकार ने

२४ अक्तूबर, १९४३ को अमेरिका और इंग्लैंड के विरुद्ध युद्ध घोषित किया था और ४ फरवरी, १९४४ को हमने पहला सशस्त्र आक्रमण किया था। तब से आज तक हमारी सेना का हर कदम खूनी पगडंडियों पर उठा है। हमने अपने खून के कतरों से माँ की आरती का थाल सजाया है और आज वह दिन है, जब हम खून के कतरों की आवाज को पत्थर के स्मारक पर नक्श करने जा रहे हैं—

यादें हो जातीं नक्श किसी पत्थर पर, तो
कैसे भी पत्थर-दिल को पिघला सकती हैं।
जो यादें होतीं, होते उनके पैर नहीं
पीढ़ियों तलक, पर वे यादें जा सकती हैं॥

''अपने शहीदों के इस स्मारक के लिए हमने सिंगापुर को चुना है। सचमुच सिंगापुर को इस गौरव का पूरा अधिकार है। यहीं पर सबसे पहले आजाद हिंद योजना का प्रयोग हुआ था। यहीं, इसी स्थान पर सबसे पहले आजाद हिंद फौज में हिंदुओं, मुसलमानों और सिखों ने कंधे-से-कंधा मिलाकर और कदम-से-कदम मिलाकर आजादी के स्वर्ण-देश की ओर चलने की कसम खाई थी। इसी सिंगापुर ने आजाद हिंद फौज के लिए कई जवान और रानी झाँसी रेजीमेंट के लिए कई वीरांगनाएँ दी हैं। इसीलिए हमने सिंगापुर को इस पुनीत आयोजन के लिए चुना है। जो सिंगापुर कल तक गोरी नादिरशाही का अड्डा था, वह आज हिंदुस्तान की आजादी का केंद्र-बिंदु बन गया है।

''मगर यह ऐसा अवसर है, जब शब्द आँसुओं की राह में भटक जाते हैं। हम केवल मौन रहकर ही उन शहीदों को अपनी-अपनी श्रद्धांजलियाँ भेंट करेंगे। वे आज हमारे साथ नहीं हैं, मगर हम जानते हैं कि स्वर्ग से उनके द्वारा भेजे हुए बादल हमारी आजादी पर अपने पंखों की छाँह करेंगे। हम उनकी अनुपस्थिति में भी शपथ लेते हैं कि हम उनके मार्ग का अनुसरण करेंगे, उनकी परंपरा कायम रखेंगे और उनके कौल को ऊँचा रखेंगे।''

अपनी यह भावांजलि अर्पित करने के पश्चात् नेताजी ने संगमरमर का एक खंड नींव में रखा। उसके पश्चात् ध्वनि-विस्तारक यंत्र से 'सावधान' की एक तीखी आवाज उठी और सभी लोग सीधे खड़े हो गए तथा शहीदों की याद में दो मिनट तक मौन खड़े रहे। मौन भावनाओं के समर्पण के पश्चात् कुछ प्रमुख व्यक्तियों ने बुनियाद की शिला पर पुष्पहार समर्पित किए। इनमें श्री राघवन, सिंगापुर के महापौर, जापानी संपर्क विभाग के अधिकारी, मेजर जनरल कियानी,

कर्नल स्ट्रेसी, यूरोपियन समाज के प्रतिनिधि डॉ. पैगलर, जनाब अब्दुल रज्जाक और अमीर मोहम्मद खाँ साहब प्रमुख थे।

शिलान्यास के पश्चात् स्मारक का निर्माण कार्य कुछ दिन पश्चात् प्रारंभ हुआ।

९ जुलाई : रानी झाँसी रेजीमेंट का निरीक्षण

'नेताजी सप्ताह' के अंतर्गत ९ जुलाई का दिन रानी झाँसी रेजीमेंट के निरीक्षण के लिए रखा गया। रेजीमेंट की विशाल परेड हुई, जिसका निरीक्षण नेताजी ने किया। रेजीमेंट की वीरांगनाओं के साहस, वीरता, बलिदान और सेवा-भावना की भूरि-भूरि प्रशंसा की गई और पदों व तमगों का वितरण किया गया।

१० जुलाई : संकल्प दिवस

१० जुलाई का दिन तरुण पीढ़ी के दिवस के रूप में मनाया गया। प्रात:काल ट्रैक्टर-ट्रॉलियों और मोटर-लॉरियों में आकर्षक झाँकियाँ सजाकर नगर में एक विशाल जुलूस निकाला गया, जिसमें प्रमुखता तरुण पीढ़ी की थी। सड़कों पर दोनों ओर आजाद हिंद फौज के सैनिक खड़े थे। आगे बैंड बजता जा रहा था, साथ में राष्ट्रीय झंडा फहराता हुआ चल रहा था। रानी झाँसी रेजीमेंट की सदस्याएँ और बाल-सेना के नन्हे सैनिक भी जुलूस की शोभा बढ़ा रहे थे।

सायंकाल तरुण पीढ़ी के खेल-कूद संपन्न हुए और व्यायाम प्रदर्शन हुआ। सबसे अंत में उपस्थित सब लोगों ने मिलकर आजादी के लिए मर-मिटने का संकल्प दुहराया और आजादी के महान् अनुष्ठान का दीक्षा-मंत्र पढ़ा।

इस प्रकार 'नेताजी सप्ताह' में लोगों में नई आशा और नए उत्साह का संचार हुआ और फिर सभी लोग आगामी योजनाओं के चिंतन में मग्न हो गए। बर्मा की विफलता की निराशा दूर हो गई और नेताजी का आशावाद जन-जन में दीप्त हो उठा।

□

प्रलय की परछाइयाँ

मध्याह्न के समय व्यक्ति बड़ा होता है और उसकी परछाईं छोटी होती है। संध्या समय व्यक्ति के मान से उसकी परछाईं बहुत बड़ी होती है। संध्या समय यदि व्यक्ति सूर्य की ओर पीठ करके चले तो उसे अपनी लंबी परछाईं दिखाई देती है; पर यदि वह सूर्य की ओर मुँह करके चले तो उसे अपनी परछाईं दिखाई नहीं देती।

नेताजी जीवन भर सूर्य की ओर मुँह करके चले थे, इसीलिए कभी उन्हें अपनी परछाईं देखने का अवसर नहीं मिला। योजना की इस सांध्य-वेला में यद्यपि नेताजी महत्त्वाकांक्षाओं की ओर ही उन्मुख थे, पर उनकी विफलताओं की छायाएँ लंबी होती जा रही थीं, जो उन्हें दिख नहीं रही थीं। अब इस समय धीरे-धीरे उन छायाओं ने प्रलय की परछाइयों का रूप धारण कर लिया और उन परछाइयों ने उनकी उपलब्धियों को घेर लिया।

□

एक जासूस लड़की की शरारत

नेताजी की योजनाओं में पहली परछाईं एक चीनी लड़की की शरारत के रूप में उदित हुई। सिरंबन में आजाद हिंद फौज का एक शिविर था। वहाँ नई भरती और प्रशिक्षण का कार्य चल रहा था। कुछ चीनी परिवार भी सिरंबन में रहते थे और उन्हीं परिवारों में से एक चीनी लड़की ने आजाद हिंद फौज के एक बड़े अधिकारी पर अपना जाल डालना प्रारंभ कर दिया। दुर्भाग्यवश वह फौजी अफसर उस लड़की के जाल में फँस गया। उस लड़की का फौजी क्षेत्र में आना-जाना बढ़ गया और ऐसा लगा जैसे कुछ फौजी रहस्य प्राप्त करने के लिए ही उस लड़की ने प्रेम-जाल बिछाया था। जापानी संपर्क विभाग को इस घटना का पता चला तो आजाद हिंद फौज के नियमानुसार उन्होंने उस अफसर के विरुद्ध कोई कदम उठाने की बजाय नेताजी को इस घटना की सूचना दे दी।

स्थिति की गंभीरता का अनुभव करते हुए नेताजी अपने सब काम छोड़कर सिरंबन गए और उन्होंने आजाद हिंद फौज के अधिकारी की जाँच प्रारंभ कर दी। यद्यपि वे स्वयं जाँच नहीं कर रहे थे, पर जाँच में पूरी रुचि लेकर जाँच करनेवालों को आवश्यक निर्देश दे रहे थे। वे जानते थे कि नाव की तली में एक छोटा सा छेद भी पूरी नाव को डुबोने के लिए काफी होता है। फौज के चरित्र की छोटी सी कमजोरी राष्ट्र की योजनाओं को चौपट कर देती है। इसीलिए वे इस प्रकरण को इतना महत्त्व दे रहे थे। नेताजी ने इस प्रकरण की जाँच के लिए श्री अलगप्पन, कर्नल नागर और कर्नल हबीबुर्रहमान को नियुक्त कर दिया था; पर वे स्वयं वहाँ उपस्थित थे और छानबीन की विधियों के संबंध में निर्देश दे रहे थे।

चीनी लड़की गिरफ्तार कर ली गई थी और उससे भी पूछताछ की जा रही थी। इधर जापानी लोग उस चीनी लड़की की माँग कर रहे थे। उसकी जासूसी से जापान की सैनिक योजनाओं पर अधिक प्रभाव पड़नेवाला था। □

जापान के विरुद्ध रूस ने हथियार उठाए

आजाद हिंद फौज के एक अधिकारी की जाँच के लिए नेताजी सिरंबन के डाक-बँगले में ठहरे हुए थे। वे बहुत थोड़े समय के लिए ही वहाँ गए थे, इसलिए उस डाक-बँगले में वायरलेस की व्यवस्था नहीं की गई थी। नेताजी को वहाँ अधिक समय लग गया। वहाँ उनके साथ कुछ फौजी अफसर भी थे।

१० अगस्त, १९४५ की रात को अपने फौजी साथियों के साथ नेताजी अपने कमरे में बैठे हुए थे। रात के बारह बजे का समय था। इसी बीच दूर रखी हुई टेलीफोन की घंटी बज उठी। अलगप्पन ने लपककर फोन का चोंगा उठाया और अपने कान से लगा लिया। वह संदेश क्वालालंपुर से आ रहा था और संदेश भेजनेवाले थे—इनायत जान कियानी। वे युद्ध के विषय में कुछ संदेश दे रहे थे, पर श्री अलगप्पन को संदेश साफ सुनाई नहीं दे रहा था। नेताजी यद्यपि अपने साथियों से बात करते जा रहे थे, पर उनका ध्यान टेलीफोन की ओर ही था और अलगप्पन की एकतरफा बातों से वे कुछ अनुमान लगाने का प्रयत्न कर रहे थे। जब उन्होंने देखा कि साथी अलगप्पन को कुछ समझ में नहीं आ रहा, तो उन्होंने चोंगा अपने कान से लगा लिया। कर्नल इनायत जान कियानी ने उन्हें सांकेतिक भाषा में बताया कि जापान के विरुद्ध अब रूस भी युद्ध में कूद पड़ा है और वह तेजी से आगे बढ़ रहा है।

समाचार बहुत ही महत्त्वपूर्ण था। यह समाचार सुनकर किसी अन्य व्यक्ति का बहुत बुरा हाल हो जाता; पर नेताजी ने कमजोरी का कोई लक्षण प्रकट नहीं किया। समाचार सुनने के पश्चात् वे अपने सहयोगियों के बीच आ बैठे और उनके किसी भी व्यवहार से चिंता या अधीरता के चिह्न दिखाई नहीं दिए।

बातचीत करते-करते रात के दो बज चुके थे। नेताजी अपने शयन-कक्ष में गए और श्री अय्यर को बुलाकर उन्हें नवीन समाचार से अवगत कराया। उन्होंने

बताया कि संदेश सिंगापुर से मेजर जनरल मोहम्मद जमान कियानी ने क्वालालंपुर के मार्ग से इनायत जान कियानी द्वारा भिजवाया है और उसका सार यह है कि रूस ने जापान के विरुद्ध हथियार उठा लिया है और वह तेजी से आगे बढ़ रहा है। नेताजी ने अय्यर से कहा कि 'सुबह तड़के तुम मेरी कार लेकर क्वालालंपुर चले जाओ और स्थिति का सही विवरण लाकर मुझे दो।'

अगले दिन तड़के ही श्री अय्यर नेताजी की कार लेकर क्वालालंपुर की ओर दौड़ पड़े और बिना कहीं रुके सीधे क्वालालंपुर पहुँचकर 'मलाया शिंबून' पत्र के कार्यालय में पहुँचे। वहाँ संपादक मि. फ्रांसिस कूरे से मिले, जो उनके पुराने मित्र थे। मि. कूरे ने उन्हें बताया कि 'डोमी समाचार एजेंसी' ने उन्हें बताया है कि 'रूस ने जापान के विरुद्ध मंचूरिया क्षेत्र में आक्रमण कर दिया है और एक घंटे के अंदर ही रूसी सेनाएँ काफी आगे बढ़ गई हैं।' समाचार-पत्र में प्रकाशनार्थ जो गेली प्रूफ तैयार किए गए थे, वे भी मि. कूरे ने श्री अय्यर को दे दिए। श्री अय्यर सारे समाचार लेकर नेताजी के पास सिरंबन लौट आए।

जिस समय श्री अय्यर नेताजी के पास सिरंबन पहुँचे उस समय दिन के दो बजे थे और मध्याह्न कालीन भोजन के लिए नेताजी अपने सहयोगियों तथा अतिथियों के साथ बैठे थे। श्री अय्यर ने वहाँ पहुँचकर नेताजी का अभिवादन किया। नेताजी ने श्री अय्यर को भी भोजन के लिए बैठने का संकेत किया। एक कुरसी खींचकर श्री अय्यर भी बैठ गए। नेताजी समाचार जानने के लिए बहुत उत्सुक हो रहे थे; पर चूँकि बाहर के कुछ अतिथि बैठे हुए थे, इस कारण वे अय्यर से कुछ पूछ नहीं सकते थे। हाँ, कभी-कभी वे अय्यर के चेहरे पर दृष्टि अवश्य डाल लेते थे और उनके चेहरे के भावों से घटनाक्रम का अंदाज लगाने का प्रयत्न कर रहे थे। भोजन क्रम में वे अपने अतिथियों के साथ कुछ हास-परिहास भी करते जाते थे।

भोजन समाप्त हो जाने के पश्चात् अतिथि लोग विदा लेकर चले गए और नेताजी अपने कमरे में चले गए। श्री अय्यर भी पीछे-पीछे उनके कमरे में पहुँच गए और समाचारों का पुलिंदा उन्होंने नेताजी को थमा दिया।

नेताजी ने सारे समाचार पढ़े। उनके मुँह से निकल गया, "अच्छा, तो यह हुआ! रूसी आगे बढ़ रहे हैं और जापानी पीछे हट रहे हैं। पीछे हटते-हटते ये लोग जाने कहाँ पहुँचेंगे!"

इस बीच नेताजी को टेलीफोन पर दूसरा संदेश भी मिला, जिसके द्वारा उन्हें शीघ्रातिशीघ्र वापस सिंगापुर बुलाया गया था। नेताजी को सिंगापुर बुलाने का फोन मेजर जनरल मोहम्मद जमान कियानी ने किया था और यह निर्देश भी दिया था कि

वे यात्रा रात में न करें; क्योंकि रात्रि के समय कम्यूनिस्ट छापामार बहुत सक्रिय रहते हैं।

संध्या समय नेताजी सिरंबन स्थित आजाद हिंद फौज के प्रशिक्षण केंद्र पर भी गए और लगभग दो हजार अफसरों और सैनिकों के सामने उन्होंने भाषण दिया। उन्हें नवीन समाचार सुनाते हुए आगाह किया कि वे ऐसा कोई व्यवहार न करें जिससे भय या कायरता की गंध आती हो।

नेताजी सिंगापुर जाने की तैयारी कर रहे थे। आजाद हिंद संघ और आजाद हिंद फौज के प्रकरण निबटाने में उन्हें काफी समय लग गया और जब वे सायंकालीन भोजन के लिए अपने साथियों के साथ बैठे तो रात्रि के ग्यारह बज रहे थे। लगभग एक बजे सभी आवश्यक चर्चाएँ करके सभी अपने-अपने कमरों में चले गए। इसी समय नेताजी को फिर टेलीफोन संदेश मिला। यह संदेश मलक्का से आया था और उसके द्वारा बताया गया कि सूचना और प्रकाशन विभाग के जनरल सेक्रेटरी डॉ. लक्ष्मैया एवं विभाग के कर्मचारी सचिव श्री गणपति नेताजी से मिलने कार द्वारा प्रस्थित हो चुके हैं और रात्रि के लगभग दो बजे तक वे सिरंबन पहुँच सकेंगे। नेताजी चक्कर में पड़ गए कि ऐसा कौन सा आवश्यक कार्य आ पड़ा, जिससे उन लोगों को रात्रि में आना पड़ रहा है?

□

जापान ने हथियार डाले

नेताजी को उधेड़-बुन की अवस्था में अधिक देर तक नहीं रहना पड़ा। ठीक दो बजे रात्रि को एक धूल-धूसरित कार डाक-बँगले के पोर्च में आकर रुकी। डॉ. लक्ष्मैया तथा श्री गणपति उसमें से उतरे और अपने आगमन की सूचना नेताजी के पास पहुँचवाई। नेताजी उनकी ही प्रतीक्षा कर रहे थे। उन्होंने दोनों आगंतुकों को अपने कमरे में बुला लिया। नेताजी के साथ श्री अय्यर पहले से ही मौजूद थे। नेताजी के संकेत पर श्री अय्यर ने कमरे के दरवाजे बंद कर लिये। सब लोगों ने अपनी-अपनी कुरसियाँ नेताजी के बिलकुल निकट खींच लीं, जिससे उनकी वार्त्ता कमरे के दूसरे कोने में भी किसी को सुनाई न दे सके।

दरवाजे और खिड़कियाँ बंद करवा देने के पश्चात् नेताजी ने डॉ. लक्ष्मैया की ओर देखकर पूछा, ''कहो, क्या समाचार लाए हो?''

डॉ. लक्ष्मैया ने अपनी कुरसी नेताजी की कुरसी से करीब-करीब सटाकर धीरे से कहा, ''श्रीमान! मुझे यह कहते हुए बहुत दुःख हो रहा है कि जापान ने समर्पण कर दिया है।''

श्री अय्यर स्वभावत: ही नेताजी की ओर देखने लगे, यह जानने के लिए कि नेताजी उस दुःखद समाचार को किस तरह से झेलते हैं। एक क्षण में ही नेताजी ने विचारों के अथाह सागर में जाने कितनी डुबकियाँ लगाईं; पर अगले ही क्षण वे पूर्ण रूप से सामान्य स्थिति में आ गए। एक मुसकराहट उनके चेहरे से फूट पड़ी। उनके मुँह से निकला, ''अच्छा, यह हुआ। देखें, अब आगे क्या होता है!''

जब तक डॉ. लक्ष्मैया और श्री गणपति नेताजी के साथ रहे, वे उनके साथ विनोद करते ही रहे। एक शरारतपूर्ण चमक उनकी आँखों में दिखाई दी और वे बोल उठे, ''क्या आप लोग यह स्वीकार नहीं करते कि हम लोग ही ऐसे हैं जिन्होंने समर्पण नहीं किया है?''

नेताजी को रात को ही जापान के समर्पण का समाचार मिला। वह समाचार भयानक इस अर्थ में था कि जापान के समर्पण के कारण भारत की आजादी की आधार-भूमि ही खिसक गई थी। नेताजी समाचार के इस भयंकर आघात को एक खिलाड़ी की तरह झेल गए। वे उसकी भयानकता से प्रभावित नहीं हुए। सुबह के तीन बजे तक वे अपने साथियों के साथ हँसी के फव्वारे छोड़ते रहे। उन्हें पता था कि सुबह सात बजे ही सिरंबन छोड़ना है। पर उनके जीवन में विश्राम कहाँ था! अपने साथियों से विश्राम के लिए कहकर उन्हें विदा कर दिया और स्वयं रात भर कार्य करते रहे, यहाँ तक कि अपने पैरों के बूट भी नहीं खोले।

कुछ घंटे विश्राम कर लेने के पश्चात् जब नेताजी के साथी लोग जागे तो १२ अगस्त, १९४५ का प्रभात आ चुका था। सारी रात जागने के पश्चात् भी नेताजी तरोताजा दिखाई दे रहे थे। उन्होंने आवश्यक सामान गाड़ियों में रखवाया और उसे एक बार फिर देखा। सभी गाड़ियों में इतना पेट्रोल भरवा लिया गया, जो दिन भर लगातार चलने के लिए काफी होता। उन गाड़ियों को पूरे ग्यारह घंटे की यात्रा एक साँस में करनी थी।

सुबह ठीक ७ बजकर ३० मिनट पर नेताजी की गाड़ियों का कारवाँ सिरंबन से सिंगापुर के लिए प्रस्थित हुआ। सबसे आगे सशस्त्र सैनिकों से भरी हुई एक लॉरी थी। उसके पीछे नेताजी की कार थी। नेताजी की कार में आगे ड्राइवर की सीट के पास कैप्टेन शमशेर सिंह बैठे थे, जो नेताजी के सचिव थे। पिछली सीट पर स्वयं नेताजी थे और नेताजी की बगल में श्री एस.ए. अय्यर बैठे थे। नेताजी की कार के पीछे जो कार थी, उसमें मेजर जनरल अलगप्पन, श्री गणपति, कर्नल नागर और कर्नल इनायत जान कियानी थे। सबसे अंतिम कार में नेताजी के दूसरे सचिव श्री आनंद मोहन सहाय थे और इसी कार में पिछली सीट पर केले भर दिए गए थे, जिनका उपयोग रास्ते में किया जाने वाला था।

प्रस्थान करने के पश्चात् गाड़ियाँ अविराम गति से चलती गईं। कभी-कभी नेताजी अपनी कार को आगे-पीछे करके यह देख लेते थे कि कोई गाड़ी पिछड़ तो नहीं गई। चलते-चलते ही सभी गाड़ियों में केले बाँटने का काम स्वयं नेताजी ही कर रहे थे। भयंकर गरमी और इतनी तनावपूर्ण स्थिति में भी अपने विनोदी स्वभाव के कारण वे सभी को प्रफुल्ल किए हुए थे। जब श्री आनंद मोहन की कार से केले निकालते तो वे उन्हें हर बार यह कहकर छेड़ते थे, ''देखो तो, आज सहाय कितने बड़े खजाने के मालिक बने बैठे हैं! हम तो आज उनके याचक हैं।''

कभी वे कहते, ''सहाय, तुम ये केले सड़क पर चलते हुए लोगों को भी क्यों

नहीं बाँटते चलते? इतनी तेज धूप में ये केले सड़ जाएँ, इससे तो अच्छा है कि तुम इन्हें बाँटकर कुछ पुण्य कमा लो।''

और सहाय को भी नेताजी की हँसी में साथ देना पड़ता था। लगातार बारह घंटे चलने के पश्चात् नेताजी अपने साथियों के साथ शाम को साढ़े सात बजे सिंगापुर पहुँच गए। उन्होंने सभी को अपने बँगले पर रुकने के लिए कहा। नहा-धोकर सभी लोग आपत्कालीन विचार-विमर्श के लिए खुले बरामदे में पहुँचे, जहाँ से समुद्र का दृश्य दिखाई देता था। मेजर जनरल मोहम्मद जमान कियानी और कर्नल हबीबुर्रहमान को भी बुला लिया गया।

नेताजी के बँगले पर आपत्कालीन विचार-विमर्श हुआ। चर्चा का विषय यह था कि जापान के समर्पण के पश्चात् आजाद हिंद फौज का क्या किया जाए? यह तो स्पष्ट ही था कि दक्षिण-पूर्व एशिया की भूमि पर भारत की आजादी का सशस्त्र अभियान बंद हो चुका है। अब तो निर्णय कुछ ऐसे प्रश्नों पर लेना था कि कौन सी सामग्री रखी जाए और कौन सी नष्ट की जाए? निर्णय शीघ्रता से ले लिये गए और सभी कमांडरों को निर्देश दे दिए गए।

दो मसले ऐसे थे जिसपर सभी लोग चिंतित थे। एक मसला था कि रानी झाँसी रेजीमेंट की पाँच सौ लड़कियाँ, जो सिंगापुर में थीं, उनका क्या किया जाए? नेताजी चाहते थे कि इन लड़कियों को उनके माता-पिता या रिश्तेदारों के पास भेज दिया जाय, किंतु वे लड़कियाँ ही जाने को तैयार नहीं थीं और आजाद हिंद फौज के अन्य फौजियों की भाँति ही वे भी गिरफ्तार होना चाहती थीं। काफी प्रयत्नों के पश्चात् नेताजी उन्हें समझाने में सफल हुए। उन्हें अपने घरों पर जाने के लिए राजी कर लिया गया। उनकी थैलियों में छह माह की वेतन-राशि और आने-जाने के खर्च की निधि रख दी गई। नेताजी ने कमांडर थीवर्स को विस्तृत निर्देश दिए कि अपनी देख-रेख में सभी लड़कियों को सुरक्षित पहुँचा दें।

वह बड़ा ही कारुणिक दृश्य था जब उन लड़कियों को उनके माता-पिता के पास भेजा गया। लड़कियाँ अपने माता-पिता का घर छोड़ते हुए रोती हैं, पर वे फूट-फूटकर इसलिए रो रही थीं कि उनको अपने माता-पिता के घर जाना पड़ रहा है। अपने पिता से कहीं अधिक स्नेह उन्हें नेताजी से मिला था। अपने सभी अफसरों से उन्हें बड़े भाइयों जैसा प्यार मिला था। वह इतना बड़ा परिवार था, जिसमें सब लोग माता-पिता और भाइयों के संबंधों का निर्वाह करते हुए रह रहे थे। नेताजी की वेदना भी कम नहीं थी। वे स्वयं रो रहे थे, पर अपनी रोती हुई बेटियों को समझा-बुझाकर विदा कर रहे थे। नेताजी के मंत्रिमंडल और परामर्शदाताओं

की चिंता का विषय स्वयं नेताजी थे। यह तो निश्चित हो ही चुका था कि सभी लोग गिरफ्तार हो जाएँ, पर अभी तक यह निश्चित नहीं किया जा सका था कि नेताजी गिरफ्तार हों या नहीं। अपने संबंध में निर्णय लिये जाने के समय नेताजी ने बिलकुल तटस्थ भाव धारण कर लिया था और कह दिया था, ''मेरे विषय में आप लोग जो निर्णय लेंगे, वह मुझे स्वीकार होगा।'' चूँकि नेताजी अपने विषय में कुछ भी संकेत नहीं दे रहे थे, इस कारण मंत्रिमंडल को कोई भी निर्णय लेने में कठिनाई हो रही थी।

□

सिंगापुर से विदाई

१६ अगस्त, १९४५ को प्रातः ९.२० पर नेताजी और उनके साथी सिंगापुर के विमान-स्थल पर पहुँच गए। बहुत थोड़े लोग उनको विदा करने के लिए उपस्थित हुए थे; क्योंकि सारी योजना गोपनीय रखी गई थी।

ठीक ९.३० पर नेताजी और उनके साथियों ने विमान में प्रवेश किया। वह एक जापानी बमवर्षक विमान था। सबके बैठ जाने के पश्चात् उस विमान ने भूमि-पथ पर दौड़ना प्रारंभ कर दिया। लगभग पाँच मिनट तक वह भूमि-पथ पर दौड़ता रहा और फिर खड़ा हो गया। नेताजी को आश्चर्य हुआ कि भूमि से ऊपर उठ जाने के पश्चात् वह क्यों रुक गया! चालक ने उन्हें बताया कि विमान के ब्रेक में कुछ खराबी है और उसे शीघ्र ही ठीक कर दिया जाएगा।

विमान के ब्रेक की खराबी शीघ्र ही ठीक कर दी गई। उसने दस बजे उड़ान भरी। अब नेताजी सिंगापुर से विदा हो चुके थे। वह सिंगापुर, जो न केवल उनके लिए वरन् आजाद हिंद फौज, आजाद हिंद संघ और भारत-मुक्ति आंदोलन के लिए इतिहास बन चुका था।

बमवर्षक विमान में बैठने के लिए कुरसियाँ नहीं होतीं। बैठनेवालों को भूमि पर ही बैठना पड़ता है। उस बमवर्षक विमान में चालक के पीछे और अन्य व्यक्तियों से आगे नेताजी बैठे हुए थे। उनके पीछे कर्नल हबीबुर्रहमान थे और कर्नल हबीब के पीछे थे श्री एस.ए. अय्यर। सबसे पीछे कर्नल प्रीतम सिंह और मि. निगेशी थे। मि. निगेशी जापानी दुभाषिए के रूप में थे।

□

नेताजी बैंकॉक में

बिना कहीं रुके नेताजी का विमान अपराह्न के तीन बजे बैंकॉक पहुँचा। वहाँ उन्होंने मेजर जनरल जगन्नाथराव भोंसले से संपर्क किया। बैंकॉक में किसी को भी नेताजी के पहुँचने की सूचना नहीं थी। मेजर जनरल भोंसले ने नेताजी के दल को लाने के लिए एक वाहन भेज दिया और उनके ठहरने की व्यवस्था भी कर दी। नेताजी के पहुँचने का समाचार सुनते ही लोग उनके दर्शन के लिए दौड़ पड़े। ऐसी स्थिति में जब जापान ने समर्पण कर दिया था।

१६ अगस्त को दिन भर मिलनेवालों का ताँता लगा रहा। रात्रि को नेताजी ने कुछ फौजी अफसरों के साथ विचार-विमर्श किया।

१७ अगस्त को सूर्योदय के पूर्व ही सब लोग चलने के लिए तैयार हो गए। बैंकॉक से नेताजी ने कुछ साथियों को विमान में साथ ले लिया। ये नए साथी थे—कर्नल गुलजार सिंह, मेजर आबिद हसन और देबनाथ दास। सभी के साथ बहुत हलका सामान था, पर प्रत्येक के पास एक भरा हुआ रिवॉल्वर अवश्य था। बैंकॉक में नेताजी को विदा देने के लिए श्री परमानंद, सरदार ईश्वर सिंह, पं. रघुनाथ शास्त्री, श्री पी.एन. पिल्लई, श्री भास्करन, कैप्टेन रिजवी और सुनील उपस्थित थे।

नेताजी ने अपने इन सभी साथियों से गले मिलकर विदा ली। उनका हृदय भर आया और वे आँसुओं का वेग रोक न सके। उनके दोनों गालों पर बड़े-बड़े आँसू ढुलक रहे थे। उधर उनके सभी साथी फूट-फूटकर रो रहे थे। किसी के मुँह से एक शब्द भी नहीं निकला; पर केवल कुछ क्षणों में ही उनकी आँखों के सामने से पूर्व एशिया में भारत-मुक्ति का इतिहास गुजर गया। सभी के बोझिल हृदय यह अनुभव कर रहे थे कि यह उनका आखिरी मिलन है!

□

नेताजी सैगोन में

१७ अगस्त को प्रात: आठ बजे नेताजी का विमान बैंकॉक से सैगोन के लिए उड़ा। इस बार वे लोग दो विमानों में विभक्त होकर गए थे। एक विमान में नेताजी, कर्नल हबीबुर्रहमान, कर्नल प्रीतम सिंह, श्री अय्यर और जापानी जन-संपर्क अधिकारी थे। दूसरे विमान में जापानी संपर्क विभाग के मुख्य अधिकारी जनरल इसोदा, नेताजी की सरकार के लिए जापान के राजदूत श्री हचिया, कर्नल गुलजार सिंह, मेजर आबिद हसन और श्री देवनाथ दास थे। ये दोनों विमान लगभग दस बजे प्रात: सैगोन के विमान-स्थल पर पहुँच गए। विमान-स्थल पर नेताजी को एक भारतीय दिखाई दिया। पूछने पर मालूम हुआ कि उस भारतीय का नाम चंद्रमल है। श्री चंद्रमल आजाद हिंद संघ के परिवहन सचिव थे। नेताजी के आगमन की सूचना उनको मिल चुकी थी और इसीलिए वे वहाँ पहुँचे थे कि शायद वह कुछ सेवा कर सकें।

सैगोन विमान-स्थल पर नेताजी और जापानी अधिकारियों के बीच गंभीर एवं गोपनीय मंत्रणा हुई और यह निश्चय किया गया कि जनरल इसोदा और श्री हचिया तथा एक और जापानी अधिकारी विमान से दलात जाएँ और वहाँ फील्ड मार्शल टेराची से आवश्यक विचार-विमर्श करके आगे का कार्यक्रम निश्चित करें। इसके पश्चात् नेताजी अपने दल के साथ सैगोन नगर में पहुँचे और आजाद हिंद संघ के आवास सचिव श्री नारायण दास के घर ठहरे।

सैगोन नगर सुनसान नजर आ रहा था। जापान के समर्पण का मातम वहाँ छाया हुआ था। बहुत कम लोग सड़कों पर दिखाई दे रहे थे। घरों की खिड़कियाँ बंद थीं। अफवाहें सूँघनेवाले लोग सक्रिय थे। अटकलबाजियाँ लगाई जा रही थीं। कुछ लोग इस भय का अनुभव कर रहे थे कि फ्रांसीसी लोग भारतीयों को बहुत त्रास देंगे; क्योंकि भारतीयों ने मित्र-राष्ट्रों के विरुद्ध युद्ध छेड़ा था।

सैगोन निवास पर पहुँचकर नेताजी ने अपनी दाढ़ी बनाई, स्नान किया और सो गए। उनको नींद आए अभी आधा घंटा ही हुआ होगा कि जापान के संपर्क अधिकारी श्री कियानो अपनी कार से वहाँ पहुँचे और बोले कि नेताजी से तुरंत मिलना बहुत जरूरी है। स्थिति की गंभीरता को देखते हुए नेताजी को जगाया गया और उन्हें श्री कियानो के आगमन की सूचना दी गई।

श्री आबिद हसन ने नेताजी को सूचित किया कि जापानी अधिकारी का कहना है कि एक विमान बहुत शीघ्र ही सैगोन से उड़ने वाला है और उस विमान में वे किसी एक भारतीय को ही स्थान दे सकते हैं। नेताजी ने आबिद हसन से पूछा कि वह विमान कहाँ जाएगा? आबिद हसन ने उत्तर दिया कि इसका पता न तो स्वयं उन्हें है और न जापानी अधिकारी को। नेताजी का दूसरा प्रश्न था कि क्या जनरल इसोदा और श्री हचिया 'दलत' पहुँचकर फील्ड मार्शल टेराची से मिल आए हैं? इस प्रश्न का कोई भी समाधान-कारक उत्तर उन्हें नहीं मिला। नेताजी ने उस जापानी अफसर से बिना मिले ही उसे कहलवा दिया कि वे बिना गंतव्य जाने किसी विमान से नहीं जाएँगे। जापानी अधिकारी द्रुतगति से वापस चला गया।

जापानी अफसर मि. कियानो के जाने के बाद एक अन्य कार कुछ देर बाद सनसनाती हुई आई और नेताजी के विश्राम-गृह के पोर्च में आकर रुकी। उस कार से जनरल इसोदा, श्री हचिया व फील्ड मार्शल टेराची के साथ एक अधिकारी उतरे और नेताजी से मिलने के लिए आगे बढ़े। नेताजी ने लपककर उनका स्वागत किया और वे सब एक कमरे में पहुँचे। नेताजी ने कर्नल हबीबुर्रहमान को अपने साथ लिया और कमरा बंद करके उनकी मंत्रणा होने लगी।

कुछ मिनट पश्चात् जापानियों को उसी कमरे में छोड़कर नेताजी कर्नल हबीब के साथ बाहर निकले और उस कमरे में गए, जहाँ उनके दूसरे साथी प्रतीक्षा कर रहे थे। उस कमरे में उस समय नेताजी स्वयं, कर्नल हबीब, मेजर आबिद हसन, श्री देवनाथ दास और श्री अय्यर थे। कर्नल गुलजार सिंह और कर्नल प्रीतम सिंह दूसरे भवन में थे। नेताजी ने शीघ्रता से उन्हें भी बुला भेजा। सब लोग एक कमरे में बंद हो गए और खिड़कियाँ एवं दरवाजे भी बंद कर लिये गए।

नेताजी बीच में खड़े हो गए और सब लोग उनके आस-पास। नेताजी ने कहना प्रारंभ किया, ''एक विमान शीघ्र, कुछ मिनटों में ही उड़ने वाला है और हमें बहुत ही शीघ्र एक निर्णय लेना है। जापानियों का कहना है कि वे उस विमान में हम लोगों को केवल एक ही स्थान दे सकते हैं। हमें यह निर्णय लेना है कि यदि मुझे अकेले जाना पड़े तो क्या आप लोग मुझे अकेले जाने की अनुमति देंगे? मैंने

भरसक प्रयत्न किया कि वे एक और स्थान देने के लिए राजी हो जाएँ; पर उनसे इसकी कोई आशा नहीं है। क्या वह एक स्थान हम लोग ले लें और क्या मैं अकेला चला जाऊँ?''

नेताजी का यह प्रश्न सुनकर सब लोग विचित्र स्थिति में आ गए। उन्हें लगा जैसे इतना कठिन सवाल उनसे जीवन में कभी नहीं पूछा गया हो। वे नेताजी से अकेले जाने के लिए कैसे कह देते। सब लोगों ने नेताजी से कहा कि आप फिर एक बार जापानियों से जोरदार आग्रह करें कि वे उस विमान में कम-से-कम एक व्यक्ति के बैठने की व्यवस्था और कर दें।

नेताजी जापानियों के पास फिर गए, जो बहुत ही व्यग्र दिखाई दे रहे थे। उन्होंने कम-से-कम एक स्थान और देने की जोरदार माँग की और इसके लिए वे लोग राजी हो गए। नेताजी अपने साथियों के पास पहुँचे और कहा कि वे लोग एक स्थान और देने के लिए राजी हो गए हैं और मैं अपने साथ कर्नल हबीब को ले जाऊँगा। शेष अन्य साथियों से भी उन्होंने विमान-स्थल पर पहुँचने के लिए कहा। उनके शेष साथी विमान-स्थल पर पहुँच गए। अपने साथियों को विदेह अवस्था में छोड़कर नेताजी विमान की ओर बढ़े, जैसे वे हमेशा बढ़ा करते थे। विमान की सीढ़ियों पर उन्होंने सधे हुए कदम रखे और अंतिम सीढ़ी पर पहुँचकर एक बार फिर मुड़कर अपने साथियों की ओर देखा और दायाँ हाथ हिलाया तथा विमान में प्रविष्ट हो गए।

नेताजी के पीछे कर्नल हबीबुर्रहमान थे। उन्होंने भी हाथ हिलाकर 'जय हिंद' कहा और विमान के अंदर चले गए। विमान हिला, आगे बढ़ा, उड़ान-पथ पर दौड़ लगाई और फिर ऊपर उठ गया।

उस समय जब सैगोन से नेताजी का विमान अज्ञात स्थान के लिए उड़ा, १७ अगस्त, १९४५ की संध्या के ठीक ५ बजकर १५ मिनट हुए थे। नेताजी के शेष सभी साथी हतप्रभ और अवाक् खड़े विमान की ओर तब तक देखते रहे जब तक वह बिंदु के रूप में परिणत होकर अदृश्य नहीं हो गया।

उसी संध्या १७ अगस्त, १९४५ को नेताजी का विमान टूरेन (इंडोचीन) पहुँच गया। नेताजी और उनके सह-यात्रियों ने रात्रि का विश्राम टूरेन में ही किया।

□

अमरत्व की ओर

१८ अगस्त, १९४५ को प्रातः लगभग आठ बजे नेताजी का विमान टूरेन से उड़ा और अपराह्न में लगभग दो बजे फारमोसा द्वीप के ताईहोकू नामक स्थान पर पहुँच गया। ताईहोकू में ही नेताजी के सहयात्रियों ने भोजन किया और विश्राम भी।

ताईहोकू से नेताजी की अंतिम उड़ान का विवरण निर्विवाद नहीं है। इस उड़ान का विवरण जापानी सूत्रों से प्राप्त हुआ है और वही विवरण थोड़े-बहुत अंतर के साथ कर्नल हबीबुर्रहमान से भी प्राप्त हुआ है। उसकी सत्यता या असत्यता के विषय में कुछ न लिखा जाकर यहाँ वही वक्तव्य उद्धृत किया जा रहा है, जो कुछ दिन पश्चात् एक जापानी कर्नल ने श्री एस.ए. अय्यर के सामने दिया था।

जैसाकि आप जानते हैं, १७ अगस्त को अपराह्न में नेताजी सैगोन से विदा हुए। उनका विमान उसी संध्या को टूरेन (इंडोचीन) पहुँच गया। उस दल ने रात्रि विश्राम वहीं किया। अगले दिन सुबह (१८ अगस्त) उनका विमान टूरेन से उड़ा और अपराह्न में ताईहोकू में उतरा। स्वल्प विश्राम के पश्चात् उनका विमान ताईहोकू से उड़ा और कुछ मिनट पश्चात् ही वह विमान-स्थल के बाहरी भाग में गिर पड़ा। नेताजी और हबीब दोनों ही घायल हो गए। नेताजी गंभीर रूप से घायल हुए। जनरल शीदी की मृत्यु घटनास्थल पर ही हो गई। नेताजी और कर्नल हबीब को तुरंत ही ताईहोकू के फौजी अस्पताल पहुँचाया गया। डॉक्टरों ने भरसक प्रयत्न किया, पर सब बेकार। जापानी कर्नल ने न बचाए जा सकनेवालों में श्री सुभाषचंद्र बोस का नाम स्पष्ट रूप से नहीं लिया। फिर भी श्री अय्यर को यह समझने में तनिक भी कठिनाई नहीं हुई कि वे क्या कहना चाहते थे।

२१ अगस्त, १९४५ को दिल्ली रेडियो से संसार को यह सुनने को मिला कि नेताजी सुभाषचंद्र बोस की मृत्यु १८ अगस्त, १९४५ को रात्रि के लगभग नौ बजे फारमोसा द्वीप के ताईहोकू सैनिक विमान-स्थल पर वायुयान दुर्घटना में हो गई।

जिसने भी नेताजी की मृत्यु का समाचार सुना, उसे सदमा तो बहुत हुआ, पर समाचार की सत्यता पर एकाएक विश्वास नहीं हुआ। नेताजी के जो साथी सैगोन में उनसे आखिरी बार बिछुड़ गए थे, उन्हें भी नेताजी की मृत्यु के समाचार पर विश्वास नहीं हुआ। श्री एस.एस. अय्यर, जो नेताजी के अत्यंत विश्वासपात्र साथियों में से थे, जिन्होंने १७ अगस्त को सैगोन से नेताजी को विदा किया था, जब टोकियो पहुँचे तो वे कर्नल हबीबुर्रहमान से मिलकर सही स्थिति जानने के लिए अधीर थे।

जब कर्नल हबीबुर्रहमान नेताजी की भस्म लेकर टोकियो पहुँचे तो अय्यर साहब से भेंट होने पर उन्होंने निम्नलिखित वक्तव्य दिया—

''सैगोन विमान-स्थल से उड़ने के पश्चात् हम लोग टूरेन में उतरे और रात को वहीं विश्राम किया। अगले दिन प्रातः हम लोग फिर उड़े और लगभग दो बजे अपराह्न में ताईहोकू विमान-स्थल पर रुके।

''जितनी देर विमान में पेट्रोल भरा जा रहा था, हम लोग वहाँ रुके, कुछ खाया-पिया और उड़ान भरने के लिए फिर तैयार हो गए। इसी बीच मैंने गरम कपड़े पहन लिये और नेताजी से पूछा कि क्या वे गरम कपड़े नहीं पहनेंगे? नेताजी ने मेरा सुझाव हँसकर टाल दिया और कहा कि गरम कपड़े पहनने की उन्हें कोई जल्दी नहीं है। वे खाकी सूती कपड़े पहने हुए थे।

''लगभग एक घंटे पश्चात् हम लोग विमान की ओर बढ़े। उस समय २ बजकर ३५ मिनट हुए थे, जब हमारा विमान उड़ा। हम लोग अभी उड़े ही थे और हमारा विमान अभी दो सौ या तीन सौ फीट ऊपर ही उठा था। हम लोगों को हवा में पहुँचे एक या दो मिनट ही हुए थे कि इसी समय कान फोड़ देनेवाली आवाज हम लोगों ने सुनी। हम लोगों ने सोचा कि हे भगवान्, यह क्या है? मैंने सोचा कि दुश्मन के किसी लड़ाकू विमान ने हमें उड़ते देख लिया है और उसी ने हमारे ऊपर झपट्टा मारा है।

''हम इस चिंतन में निमग्न हो गए कि विमान का चालक अब क्या करेगा? क्या वह विमान को नीचे उतार सकेगा या विमान टकराकर नष्ट हो जाएगा। बाद में समझ में आया कि विमान का प्रोपेलर टूट गया है।

''पोर्ट इंजन ने काम करना बंद कर दिया था। केवल स्टार बोर्ड इंजन ही काम कर रहा था। विमान ने डोलना प्रारंभ कर दिया और उसका चालक स्टार बोर्ड इंजन पर संतुलन सँभालने का पूरा प्रयत्न कर रहा था। हम लोग बहुत तेजी से नीचे गिर रहे थे। मैंने मुड़कर नेताजी की ओर देखा। वे बिलकुल ही अविचलित

थे। लेकिन उन्होंने मुझे बहुत निराश देखा। मुझे आश्चर्य होता है कि उस समय मुझमें सोचने की शक्ति रही थी या नहीं; पर ऐसा लगा जैसे जीवन के कुछ क्षण ही शेष रहे हों। कुछ ही क्षणों में विमान नाक की तरफ से जमीन से टकराया और थोड़ी देर के लिए आँखों के सामने अँधेरा छा गया।

''कुछ क्षणों के उपरांत जब चेतना लौटी तो मैंने अनुभव किया कि सारा सामान मेरे ऊपर पड़ा है और मेरे निकट ही आग लग गई है। इस प्रकार सामान बीच में आ जाने के कारण पीछे का रास्ता बंद हो गया था, केवल आगे का रास्ता खुला हुआ था। पर उधर से निकलने पर आग में से होकर जाना पड़ता। नेताजी के सिर में चोट लग गई थी, पर वे पैरों पर खड़े हो चुके थे और मेरी ओर बढ़ने वाले थे, जिससे पीछे के रास्ते से बाहर निकल जाएँ। पर ऐसा होना संभव नहीं था, इसलिए मैंने नेताजी से कहा, 'आगे से निकलिए, नेताजी!' उन्हें स्थिति का अंदाजा हो गया। अब उन्होंने विमान के अग्रभाग से निकलना चाहा, जो जमीन से टकराकर चूर हो चुका था और जिससे लपटें उठ रही थीं। वे उस रास्ते से बाहर निकल गए और विमान से दस-पंद्रह फीट दूर खड़े होकर मेरी प्रतीक्षा करने लगे।

''जब विमान गिरा था, नेताजी के खाकी सूती कपड़ों पर पेट्रोल फैल गया था और आग से निकलने के प्रयत्न में उनके कपड़ों ने आग पकड़ ली थी। इसलिए जब वे बाहर खड़े हुए तो कपड़ों में आग लगी हुई थी और वे अपने बुशकोट का बेल्ट खोलने का प्रयास कर रहे थे।

''मैं नेताजी की ओर झपटा और बेल्ट खोलने में उनकी मदद करने लगा। इस प्रक्रिया में मेरे हाथ जल गए। जब मैं उनका बेल्ट टटोल रहा था तो इसी बीच मेरी दृष्टि उनके चेहरे पर पड़ी। उनका चेहरा कट-पिट चुका था और वह आग से झुलस गया था। कुछ मिनट के बाद वे भूमि पर गिर पड़े और वहीं पड़े रहे। मैं भी थककर चूर हो गया था और उन्हीं के पास पड़ा रहा। मुझे पता नहीं कि दूसरे लोगों का क्या हुआ!

''जब मुझे होश आया तो मैंने देखा कि मैं उन्हीं के पास पड़ा हूँ। नेताजी तो मूर्च्छित थे ही। अपनी मूर्च्छितावस्था में कभी-कभी उन्होंने आबिद हसन का नाम पुकारा। मैंने उन्हें बताया, 'यहाँ हसन नहीं है, यहाँ मैं हबीब हूँ।'

''उन्हें लगने लगा था कि वे बच नहीं सकेंगे। अपनी मृत्यु से कुछ समय पूर्व उन्होंने मुझसे कहा, 'हबीब! मेरा अंत बहुत निकट आ गया है। अपने देश की आजादी के लिए मैं जीवन भर लड़ता रहा हूँ। मैं देश की आजादी के लिए ही मर रहा हूँ। तुम जाकर देशवासियों से कहना कि भारत की आजादी की लड़ाई जारी

रखें। भारत आजाद होगा और बहुत शीघ्र ही'।''

कर्नल हबीबुर्रहमान के अनुसार, ''जापानियों ने और उन्होंने मिलकर ताईहोकू के शांत वातावरण में नेताजी का दाह-संस्कार किया। उनकी भस्म टोकियो के बौद्ध मंदिर रेंकोजी में रखी गई; क्योंकि उनकी लंबाई अधिक होने के कारण उनके ताबूत को बमवर्षक विमान में नहीं रखा जा सका था।

□

नेताजी के बाल-वीरों के बलिदान

नेताजी की बाल-सेना के वीरों ने जब उनकी मृत्यु का दुःखद समाचार सुना तो उनपर इसकी कुछ भिन्न प्रतिक्रिया हुई। उनका चिंतन था कि हमको इधर से उधर ले जाने के लिए टैंक तोड़ने के बम भी दिए जाते थे, जिनमें से कुछ हमारे पास अभी भी सुरक्षित हैं। क्यों न हम इन बमों को आजमाएँ और देखें कि इनसे टैंक टूटते हैं या नहीं! ये बाल-वीर जैसे भी बनता था, अंग्रेजों को तंग किया करते थे। उनको चिढ़ाने और अपमानित करने में उन्हें मजा आता था। इसी प्रकार की एक सत्य घटना लोगों में बहुत लोकप्रियता प्राप्त कर चुकी थी। हम उस घटना को आँखों-देखी के रूप में प्रस्तुत कर रहे हैं।

बर्मा के मांडले नगर के एक भवन में कुछ भारतीय लड़कियाँ बैठी हुई आपस में चर्चा कर रही हैं। सभी के चेहरे पर उदासी पुती हुई है। एक लड़की, जिसका नाम वंदना है, मौन भंग करती हुई कह उठती है, "नेताजी के निधन के समाचार ने तो दक्षिण-पूर्व भारतीय क्षेत्रों में वज्रपात ही कर दिया है। हमें आशा थी कि नेताजी कहीं-न-कहीं पहुँचकर भारत की आजादी के लिए कोई-न-कोई प्रकाश-किरण खोज ही लेंगे। पर अब तो सबकुछ चौपट हो गया।"

वंदना के इस कथन का समर्थन करते हुए आशा ने कहा, "नेताजी के निधन के समाचार ने तो हमें अभिभूत कर ही रखा है, इसी बीच और भी कई ऐसे समाचार मिल रहे हैं, जो हमारी सहनशक्ति के बाहर हैं। विजयी अंग्रेजी सेनाओं ने बर्मा, मलाया और उन सभी क्षेत्रों पर अधिकार कर लिया है, जो पहले उनके हाथ से छिन गए थे। अभी-अभी समाचार मिला है कि विजयोन्माद से चूर अंग्रेजी सेनाओं ने जब सिंगापुर में प्रवेश किया तो उन्होंने नेताजी द्वारा बनवाए गए शहीद स्मारक को तो ध्वस्त किया ही, साथ ही हमारे दो बाल-वीरों को भी बारूदी सुरंग से उड़ाकर चिंदी-चिंदी कर दिया। हमें अपने साथियों की मृत्यु का बदला लेना है।"

आशा के मुँह से यह दु:खद समाचार सुनकर सभी के मन उत्तेजना से भर गए। उत्तेजना के इस वातावरण को गति दी जेबुन्निसा के ओजस्वी स्वरों ने, ''यहाँ बर्मा में जो कुछ हो रहा है, वह क्या कम है? रंगून में अंग्रेजी सेनाओं ने आजाद हिंद फौज को गिरफ्तार कर लिया है। अब वे लोग हमारी फौज के अफसरों को कई प्रकार के कष्ट दे रहे हैं। बताइए, क्या यह सब चुपचाप सहन कर लेने योग्य है?''

जेबुन्निसा के इस कथन से और भी उत्तेजना फैल गई और इसमें आहुति डाली जसबीर कौर के इस कथन ने, ''नेताजी ने रेजीमेंट में हमें भरती किया, पर गिरफ्तार होने का परामर्श नहीं दिया। उन्होंने हमें अपने-अपने घरों पर पहुँचा दिया। अब हमको सोचना यही है कि क्या हम अपने फौजी भाइयों और बाल-वीरों पर होनेवाले जुल्मों को चुपचाप बरदाश्त करती रहें या इस समय हम लोग खुद भी कुछ कर गुजरने का साहस दिखाएँ? मुझे तो अपनी सभी बहनों से यही कहना है।''

जसबीर कौर का कथन अभी पूरा भी नहीं हुआ था कि पास की गली में काफी शोरगुल सुनाई दिया। इस शोरगुल में 'जय हिंद' के नारे भी सुनाई दिए। उन लोगों ने खिड़की खोलकर बाहर झाँका तो पाया कि कुछ लड़के 'जय हिंद' चिल्ला-चिल्लाकर भाग रहे हैं और एक गोरा सार्जेंट मारने के लिए उनकी ओर लपक रहा है। आखिर उसने एक लड़के को पकड़ ही लिया और घूँसों व लातों से उसे मारने लगा।

इन लड़कियों से उसकी पिटाई देखी नहीं गई और वे भी 'जय हिंद' कहती हुई घटनास्थल की ओर दौड़ पड़ीं। उधर उस लड़के के साथी लोग भी अपने हाथों में पत्थर लिये हुए आ गए और गोरे सार्जेंट को सभी ने घेर लिया तथा उससे बोले कि तुम भी हमारे साथ 'जय हिंद' और 'नेताजी की जय' बोलो, अन्यथा पत्थर मार-मारकर हम लोग तुमको बिछा देंगे। विवश सार्जेंट को नेताजी की जय के नारे बोलने पड़े। वह चला तो गया, पर उस गली को पहचानता गया। थोड़ी देर बाद वह गोरे फौजियों की एक पूरी कंपनी लेकर आ धमका और उस मकान तथा उस गली में से सभी लड़कों को गिरफ्तार करके ले गया।

मांडले नगर की उसी जेल को फौजी अदालत बनाया गया, जिसमें सुभाषचंद्र बोस को ढाई साल तक बंदी के रूप में रखा गया था। जब बर्मा अंग्रेजी चंगुल से मुक्त हो गया और जब सुभाषचंद्र बोस बर्मा के मित्र बन गए तो बर्मी लोगों ने उस जेल बैरक की ऊँची दीवार पर नेताजी सुभाष का एक चित्र ऊँचे स्थान पर टाँग

दिया, जिसे किसी ने उतारा नहीं। उसी बैरक भवन को अंग्रेजों ने न्यायालय बना डाला और उसी में उन सभी लड़कों को पकड़कर लाया गया, जो गोरे लोगों से 'नेताज़ी की जय' बुलवाते थे।

उस दिन उस फौजी अदालत में काफी सरगर्मी थी। अदालत में न्यायाधीश का आसन एक ब्रिटिश कमांडर ने ग्रहण किया था। बयान देने से पहले अभियुक्त से कहलवाया जाता था, ''मैं ईश्वर को साक्षी करके कहता हूँ कि जो कुछ कहूँगा वह सच-सच कहूँगा।''

बयान देने के लिए पहले जिस चौदह वर्ष के बाल-वीर को बुलाया गया, उससे न्यायाधीश ने कहा, ''जैसे हम बोलेंगे, तुम भी उसी प्रकार बोलकर शपथ लेना।''

लड़के ने कहा, ''हाँ, बोलेंगे।''

न्यायाधीश ने कहा, ''बोलो, मैं ईश्वर को साक्षी करके कहता हूँ कि मैं जो कुछ कहूँगा, सच-सच कहूँगा।''

उस लड़के ने दुहराया—''मैं नेताजी को साक्षी करके कहता हूँ कि मैं जो कुछ कहूँगा, सच-सच कहूँगा।''

नेताजी के नाम का उल्लेख सुनकर न्यायाधीश महोदय क्रुद्ध हो गए और झुँझलाकर बोले, ''तुमने शपथ लेने के पूर्व नेताजी को साक्षी करने की बात क्यों कही? इस समय नेताजी यहाँ कहाँ हैं?''

लड़के ने पूरी दृढ़ता के साथ उत्तर दिया, ''इस समय नेताजी आपके सिर पर हैं।''

लड़के के मुँह से यह वाक्य निकलना था कि पूरी अदालत हँसी के कहकहों से गूँज उठी।

न्यायाधीश महोदय क्रोधित होकर बोले, ''क्या बकते हो? नेताजी मेरे सिर पर कैसे हो सकते हैं?'' इतना कहकर उन्होंने अपने गंजे सिर पर हाथ फेरा।

सभाभवन फिर हँसी के कहकहों से भर गया।

लड़के ने चुटकी ली, ''श्रीमान! नेताजी आपके इस चिकने सिर पर कैसे हो सकते हैं। यदि वे होते तो वहाँ से फिसल न जाते!''

सभाभवन फिर जोरदार कहकहों से गूँज उठा।

न्यायाधीश महोदय ने झल्लाकर कहा, ''फिर तुमने यह क्यों कहा कि नेताजी मेरे सिर पर हैं? यह न्यायालय है, यहाँ हँसी-मजाक नहीं चलेगा।''

लड़के ने समझाया—''मैंने यह इसलिए कहा कि आपके दिमाग में और

आपके खयालों में नेताजी पूरी तरह समाए हुए हैं। आप जो भी सवाल पूछते हैं, वह नेताजी से संबंधित होता है। अच्छा, बताइए कि हम लोग गोरों को क्या कहकर चिढ़ाते हैं ?''

''तुम लोग कहते हो, 'नेताजी सुभाषचंद्र बोस की जय!' ''

''अब देखिए न, आप स्वयं भी नेताजी की जय बोल रहे हैं और दूसरों को भी जय बोलने के लिए उकसा रहे हैं।''

न्यायाधीश महोदय खिसियाकर रह जाते हैं और उस बाल-वीर को डपटकर कहते हैं, ''बकवास बंद करो और अपनी बात समझाकर कहो।''

लड़के ने गंभीरतापूर्वक कहा, ''जरा पीछे मुड़कर देखिए, नेताजी आपके सिर के पीछे दीवार पर हैं।''

न्यायाधीश महोदय ने पीछे मुड़कर देखा तो सचमुच ही दीवार पर नेताजी का चित्र टँगा पाया। वे खिसियाए और वहाँ से उन्होंने वह चित्र उतरवा दिया और फिर लड़के से बोले, ''अब ईश्वर को साक्षी करके शपथ लो।''

लड़के ने कहा, ''मैं नेताजी को साक्षी करके कहता हूँ...''

न्यायाधीश महोदय ने बीच में ही बालक को टोक दिया और क्रोधित होकर बोले, ''नेताजी ! नेताजी ! नेताजी ! यह क्या बकवास लगा रखी है ? अब तो तुम्हारे नेताजी का चित्र हटा दिया गया। फिर क्यों उनको साक्षी करके शपथ लेते हो ?''

लड़के ने उत्तर दिया, ''आपने कमरे में से नेताजी का चित्र हटा दिया। यदि हमारे दिलों से उनका चित्र हटाएँ तब हम जानें।''

न्यायाधीश महोदय फिर खिसियाकर बोले, ''अच्छा, तुम नेताजी को ही साक्षी मानकर शपथ लो ! मुझे लगता है कि तुम ईश्वर को साक्षी मानकर भले ही सच न बोलो, पर नेताजी को साक्षी मानकर अवश्य सच बोलोगे।''

लड़के ने गर्व से सीना फुलाते हुए कहा, ''हाँ, यह हुई कुछ बात।'' उसने शपथ ली, ''मैं अपने हृदय में स्थित नेताजी को साक्षी मानकर कहता हूँ कि मैं जो कुछ कहूँगा, सच-सच कहूँगा।''

प्रश्नोत्तर का सिलसिला चल पड़ा—

''तुम्हारा नाम क्या है ?''

''जी, मेरा नाम अवतार सिंह है।''

''तुम किसके अवतार हो ?''

''नेताजी के।''

''तुम्हारे इस कथन का मतलब क्या है ?''

"मेरा मतलब है कि नेताजी दुनिया में हमेशा अमर रहेंगे और भारत के बच्चे-बच्चे में उनकी आत्मा झाँकती रहेगी।"

"तुमको बाल-सेना में भरती किसने किया था?"

"देश की आवश्यकता और हमारी खुद की प्रेरणा ने।"

"बाल-सेना में तुम क्या-क्या काम करते थे?"

"हम लोग जासूसी करते थे। आजाद हिंद फौज के पास अस्त्र-शस्त्र और दवाइयाँ ले जाते थे और यदि आवश्यक हुआ तो टैंक उड़ाने के बम भी ले जाते थे।"

"ऐसा भयानक सामान ले जाते हुए तुम्हें डर नहीं लगता था?"

"डर हमें क्यों लगता, डर लगता आप लोगों को।"

"इसमें हमें डरने की क्या बात है?"

"क्यों, क्या आपको गोलों से डर नहीं लगता?"

"पर यहाँ गोले का सवाल ही क्या है?"

"सवाल हो या न हो, पर गोला अवश्य है।"

यह कहकर अवतार सिंह ने अपनी नेकर की जेब में से एक गोला निकाला और उसे अपने हाथ पर उछाला। न्यायाधीश महोदय सकपका गए।

आस-पास खड़े हुए सैनिकों को बढ़ने का उपक्रम करते हुए देखकर अवतार सिंह ने फटकारकर कहा, "खबरदार! यदि एक भी व्यक्ति मेरी ओर बढ़ा। यदि आप लोगों में से किसी ने भी मेरी ओर बढ़ने की मूर्खता की तो मैं यह गोला न्यायाधीश महोदय पर दे मारूँगा।"

न्यायाधीश महोदय का संकेत पाकर सैनिक आगे बढ़ने से रुक गए। न्यायाधीश महोदय अवतार सिंह से बोले, "अच्छा, हम तुमसे प्रार्थना करते हैं कि तुम यह गोला हमें दे दो।"

अवतार सिंह का कथन था, "आप लोगों की प्रार्थना पर तो हमारे पूर्वजों ने हिंदुस्तान का राज्य आप लोगों को दे दिया। आपकी प्रार्थना पर मैं भी यह गोला आपको दे दूँगा।"

एक सिपाही अवतार सिंह की तरफ बढ़ा। अवतार सिंह ने गोला उसे दे दिया। सिपाही को आदेश देते हुए न्यायाधीश महोदय उससे बोले, "यह गोला फौजी शिविर में जाँच के लिए ले जाओ। इस बात की जाँच कराओ कि यह गोला जीवित है या नहीं और यह कितनी शक्ति का है!"

न्यायाधीश महोदय की यह बात सुनकर अवतार सिंह का एक साथी विजय

सिंह तत्काल बोल उठा, "महोदय! इसके परीक्षण में तो बहुत समय लग जाएगा। एक गोला मेरे पास भी है। तत्काल उसे फोड़कर बता देता हूँ कि गोला जीवित है या नहीं, और वह कितनी शक्ति का है!"

यह कथन सुनकर और विजय सिंह के हाथ में गोला देखकर न्यायाधीश महोदय बहुत डर गए। वे बड़ी मुश्किल से कह पाए, "अच्छा! अदालत की कारखाई अनिश्चित काल के लिए समाप्त की जाती है। अभी इन बच्चों को छोड़ दिया जाय। जब इनकी आवश्यकता होगी, इन्हें फिर बुला लेंगे।"

□

भारत की आजादी को नेताजी का योगदान

भारत की आजादी को नेताजी का सबसे बड़ा योगदान यह है कि उन्होंने देश में जागृति उत्पन्न करके आजादी के दीवानों का एक दल खड़ा किया और विदेशों में भी समस्त भारतीयों के मन में आजादी की तड़प उत्पन्न की। सन् १९४६ का बंबई का नौ-सैनिक विद्रोह तो विशुद्ध रूप से आजाद हिंद फौज की ही देन था। विजयी ब्रिटिश-भारतीय नौ-सेनाएँ विदेशों में जहाँ-जहाँ भी जातीं वहाँ-वहाँ के लोग उन्हें शर्मिंदा करते कि तुम कैसे भारतीय हो, जो अपने देश की गुलामी को शाश्वत करने के लिए अंग्रेजों की ओर से लड़ते हो? तुमसे अच्छी तो आजाद हिंद फौज है, जो अपने देश की आजादी के लिए लड़ी और कई मोरचों पर उसने अंग्रेजों के दाँत खट्टे करके दिखाए। तुम्हें तो चुल्लू भर पानी में डूब मरना चाहिए।

इस प्रकार हर स्वाधीन देश में लज्जित होकर ब्रिटिश-भारतीय सेनाओं ने निश्चय किया कि अब तो हमें कुछ करना ही चाहिए। वे लोग अंग्रेजी जहाजों पर भी नेताजी सुभाष के चित्र टाँगने लगे और अभिवादन के लिए उन्होंने 'जय हिंद' नारा अपना लिया तथा अपने साथियों पर दिल्ली के लाल किले में जो मुकदमा चल रहा था, उसके लिए चंदे इकट्ठा किए। बंबई की सड़कों पर बागियों और ब्रिटिश सेना के बीच जमकर खूनी युद्ध हुआ। बंबई के भिखारियों तक ने अपना योगदान दिया और जब ब्रिटिश सेना ने अपने जलयानों द्वारा बागियों के पास रसद नहीं पहुँचने दी तो बंबई के भिखारियों ने अपने जीवन की संचित कमाई एकत्र कर किराए की मोटरबोटों द्वारा बागियों के पास भोजन और मिठाइयाँ भिजवाईं।

बंबई के नौ-सैनिक विद्रोह के परिणामस्वरूप वायु-सेना और स्थल-सेना ने भी विद्रोह कर दिया और यह तथ्य किसी से छिपा हुआ नहीं है कि सन् १९४२ के भारत छोड़ो आंदोलन को कुचल देने और द्वितीय विश्व-युद्ध में विजयी होने के

पश्चात् भी अंग्रेजों को भारतीयों को सत्ता सौंपनी पड़ी और इसकी स्वीकारोक्ति इंग्लैंड के प्रधानमंत्री लॉर्ड एटली ने ब्रिटिश पार्लियामेंट में खुले रूप से की।

नेताजी सुभाष के विषय में यह स्पष्ट रूप से कहा जा सकता है कि वे अपने जीवन में सफल होनेवाले नायक न होकर अपनी मृत्यु के पश्चात् सफल होनेवाले नायक हैं। अपनी मृत्यु के समय वे अपने साथी कर्नल हबीबुर्रहमान से कितना स्पष्ट कहकर गए थे, ''हबीब! मेरा अंत बहुत निकट आ गया है। अपने देश की आजादी के लिए मैं जीवन भर लड़ता रहा हूँ। मैं देश की आजादी के लिए ही मर रहा हूँ। तुम जाकर देशवासियों से कहना कि वे भारत की आजादी की लड़ाई जारी रखें। भारत आजाद होगा और बहुत शीघ्र ही। जय हिंद!''

□□□